KB271790

광고활용교육의 이해

(Understanding of Advertising In Education)

광고활용교육의 이해

차유철 · 이희복 · 신명희 지음

한국학술정보㈜

광고활용교육(AIE, Advertising in Education)이라는 용어를 제목으로 해서 출판되는 책은 이것이 처음이다. 광고활용교육은 2005년에 처음 공식 석상에서 발표되어 벌써 3년여가 지났지만 2008년 현재도 아직 많은 사람들에게 낯선 용어다. 그렇다고 용어의 개념을 짐작하지 못할 정도로 생뚱맞은 것은 결코 아니다. 혹자는 광고활용교육은 이미 오래전부터 연구해 오던 것이라고 말하거나, 널리 알려져 있을 것이라고 생각하기도 한다. 그것은 광고활용교육이라는 개념이 새롭기는 하지만 자연스럽고 당연하다는 반증일 것이다. 즉 진작부터 있었어야 할 것이 이제 명명되고 의미를 갖게 되었다는 말이다.

광고활용교육은 간단히 말하면 초중고교의 정규교과에서 광고를 활용하는 것을 말한다. 여기에는 여러 가지 활용방법이 있다. 광고 자체를 가르치는 정규 광고교육[우리는 이것을 광고에 대한(about) 교육이라고 한다], 기존 교과에서 광고를 활용하여 수업의 효율을 높이는 보조적 활용[이것은 광고를 통한(through) 교육이라고 한다], 광고에서 창의성을 비롯한 문화·예술·경제·심리 등을 학습하는 것[이것은 광고로부터(from)의 교육에 해당한다] 등으로 구분할 수 있다.

이러한 용어와 개념이 처음 제안되었을 때, 많은 광고학자들은 정말 광고가 꼭 개척해야 할 영역이라고 하였다. 대학에서의 광고교육과는 다른 차원의 교육, 상업적 목적과는 확연히 구별되는 영역에서의 광고활용은 광고의 새로운 지평을 열어 주었기 때문이었을 것이다. 뜻이 있는 일부 광고관련 조직에서도 깊은 관심을 보였고, 적극적인 실행의지를 가졌으며 어느 정도 성과를 올리기도 하였다.

그럼에도 불구하고 왜 광고활용교육이 아직까지도 낯설까? 왜 하나의 연구나 실행 영역으로 정착되어 있지 않을까? 이 책은 이런 질문들을 해결하고자 하는 노력의 일환이다.

어떤 이들은 미디어 교육도 있고, 신문활용교육(NIE)도 있는데, 굳이 광고활용교육까지 할 필요가 없기 때문이라고 하기도 한다. 물론 교육에 활용할 수 있는 다양한 미디어들이 있고, 미디어가 아니더라도 다양한 보조적 수단이 있으므로 일견 타당하다. 그런데 광고만큼 신문뿐 아니라 TV, 인터넷, 모바일 등 모든 매체를 활용하는 수단이 또 있을까? 크리에이티브를 생명으로 하는 광고만큼 창의성을 높여 줄 수 있는 방법이 또 있을까? 관심을 끌어야 하는 광고만큼 재미있는 콘텐츠가 얼마나 될까? 더구나 광고 자체는 상업적이지만 광고활용교육에는 상업성이 없다. 그것을 통해 경제적 이익을 취할 수 있는 주체가 없다는 것이다. 이러한 것들을 보다 널리 인식시키지 못했음이 민망할 따름이다.

광고업계나 광고지원기구의 자원 부족도 짚고 넘어갈 일이다. 어쩌면 일반인에게는 물론 광고업계나 광고지원기구에게조차도 광고활용교육은 아직 이해가 되지 않는 개념일 수도 있으므로, 외면

한 것이 아니라 필요에 대한 인식이 형성되지 않았기 때문일 수도 있다.

그렇다면 광고활용교육은 교육현장만을 위하는 일이 아님도 꼭 밝혀야겠다. 우리나라 국민의 기업정서가 전반적으로 부정적이라는 조사결과를 본 적이 있다. 광고에 대해서도 긍정적이라고 하기는 어려울 것이다. 그 원인 중에는 편향된 기업교육, 편향된 광고 인식 교육도 중요한 역할을 했을 것이다. 그래서 전국경제인연합은 시장경제에 대한 올바른 교육을 위해 경제교과서를 제작배포하고 있다. 그러나 광고계에서는 별다른 노력을 들이지 않고 있다. 초중고교생들에게 광고에 대하여, 광고를 통하여 교육을 한다면 인식과 태도가 달라지지 않을까? 그렇게 된다면 광고계는 많은 미래 소비자를 원군으로 둘 수도 있고, 좋은 광고 인력을 끌어들일 수도 있을 것이다. 결국 광고활용교육은 교육과 광고 모두에게 윈－윈이 된다는 것이다. 그러나 현재 상황은 학계에서도 소수의 연구자들만이 광고활용교육의 이론적 토대를 다지고, 운영체계를 구축하고, 실행방법을 모색하고 있는 형편임을 감안하면 업계나 지원기구의 인식부족은 그다지 서운해할 일도 아니다.

광고활용교육을 연구하면서 가장 자극이 되고, 격려가 되고, 도움이 되었던 것은 일선 교육현장에서 광고를 실제로 활용하고 계신 선생님들이었다. 의외로 많은 교사들이 수업에서 광고를 활용하고 있었다. 또한 일부 적극적인 교사들은 조직적으로 더욱 효과적인 활용방안을 모색하고 있기도 하였다. 이런 선생님들을 만날 때마다 광고를 연구하는 사람들로서 제대로 된 도움을 주지 못하는 것이 송구스러웠다. 오히려 그분들을 통해 광고와 학교 교육을 어떻게 연결해야 하는가를 배웠다. 광고활용교육이 초중고교에서의 실행을 전제로 하기 때문에 당연할 수도 있겠으나, 일방에서만

애를 쓰고 있다는 점은 안타깝기 그지없다. 더구나 그분들이 원하는 광고활용 자료는 어느 정도 시스템만 구축이 되면 쉽게 제공할 수 있음을 알고 있기에 더욱 그렇다.

이 책은 광고활용교육에 대한 탐색적 연구 결과이다. 따라서 광고활용교육의 모든 것이라고 하기는 어렵다. 그래도 광고의 새로운 지평을 탐색하거나, 교육에 활용하는 방법을 찾는 분들께 다소나마 도움이 되지 않을까 한다.

이 책이 나오는 데 정말 결정적인 역할을 하신 분은 강원대학교 신문방송학과 정윤식 교수님이시다. 그럼에도 후학들에게 출판의 열매를 모두 양보하셨으니 그 배려에 머리 숙여 진심으로 감사를 드린다. 또한 문영여고의 이영발 선생님을 비롯하여 도움을 주신 여러 선생님께도 감사드린다. 연구의 장을 마련해 준 한국방송광고공사, 광고활용교육에 함께 보조를 맞춰 온 한국광고단체연합회도 든든한 원군으로 생각한다.

마지막으로, 광고활용교육은 교육의 기본 목적을 수행하는 훌륭한 도구임을 다시 한 번 강조한다. 창의성을 계발하는 것 한 가지만으로도.

2008년 6월
저자 대표 차유철

 차 례

Ⅳ. 광고활용교육 현황 조사 __ 129

Ⅴ. 광고활용교육에 대한 인식 __ 157

I. 광고활용교육의 이해

1. 들어가는 말

　2005년 11월 20일 저녁, TV에서는 고등학생들을 대상으로 하는 퀴즈 프로그램이 진행 중이었다. "단백질의 한 종류로서 우리 머리털을 구성하고 있으며⋯⋯."라는 설명이 나오고 있었다. 초등학생인 딸과 함께 시청하던 아빠가 딸에게 답을 아느냐고 물었다. 딸은 "케라틴?" 하고 반문했다. 정답이었다. 아빠는 우연히 알게 된 것이리라 생각하며 다음 문제도 물어보았다. "근거리의 무선통신 기기 사이에 통신이 가능하도록 하는 기술로⋯⋯."라는 질문을 들은 딸은 "블루투스"라고 답했다. 아빠는 초등학생이 어떻게 그런 것을 알고 있는지 매우 놀랐다. 딸은 "저런 거 다 광고에 나오는 거잖아요."라며 누구나 아는 것이라는 듯이 대답했다.

　광고는 상품을 팔기 위한 수단이라는 것이 일반적인 견해일 것이다. 그러나 본연의 임무를 수행하는 과정에서 광고는 많은 부수적인 정보를 포함하기도 한다. 우리가 알고 있는 많은 지식들 중 상당 부분은 광고에서 유래된 것이다. 천연과즙이 든 음료는 흔들어 마시면 된다든지, HDTV가 일반 TV에 비해 해상도가 높아서 더욱 실감이 난다든지, 초고속 인터넷망의 방식에는 케이블 TV의 전송망을 이용하는 방법도 있다든지 하는 것은 극히 일부의 예에 지나지 않는다.

　비단 어떤 지식을 알게 하는 것 외에도 광고는 많은 것을 제공하고 있다. 예를 들면 영화나 TV의 드라마를 비롯한 다양한 프로그램들과 마찬가지로 오늘날의 생활양식을 가르치기도 한다. 이는 광고가 상품의 판매를 촉진하는 상업적인 수단일 뿐 아니라 광고를 매개하는 미디어의 기능도 수행하는 것이라고 할 수 있다. 즉 매스미디어의 사회화나 해설 및 처방, 오락 등 기능을 광고 역시 상업적인 메시지를 전하는 과정에서 동시적으로 수행한다는 것이다. 더 나아가 광고는 일반적인 미디어가 수행하기 어려운 기능도 수행하고 있다. 이는 광고가 일반 소비자들에게 노출되기까지 거치는 과정에 의해 이루어지는 부분이다. 광고가 본연의 목적 이외의 많은 기능을 수행하고 있음에도 불구하고 대부분의 기능은 간과되거나 그것을 활용하려는 시도조차 이루어지지 않고 있다.

반면에 신문을 활용한 교육(NIE: Newspaper In Education)의 그 시작을 1930년대 뉴욕타임스가 신문을 교실에 정기적으로 배포함으로써 실시되었다고 보고 있어, 이미 70년이 넘는 역사를 가지고 있다. 1955년에는 아이오와의 지방 신문인 데모인 레지스터지가 중·고교생 5,500명을 대상으로 '문자 접촉 빈도 조사'를 실시했는데, 조사 대상자의 40%가 '교실 밖에서는 전혀 문자를 접하지 않는다.'라는 놀라운 결과가 나왔다. 이러한 결과를 보고 레지스터지는 미국교육협회와 공동으로 학생들의 문자접촉 기회를 늘이기 위한 'NIC(Newspaper In Classroom) 운동'을 전개하였다. 1950년대 후반부터는 미국 전역의 교육단체들이 동참하였고, 1960년대에는 NIC 프로그램에 참여하는 신문사가 급증하였다.

우리나라에서는 1990년대 초반에 NIE에 대한 관심과 연구가 시작되었다고 본다. 이후 급속하게 NIE가 보급되어 2004년까지 한국언론재단이나 한국신문협회에서 NIE 관련 교육을 이수한 사람의 수가 5천여 명을 넘어섰다고 한다. 신문에서 배울 수 있는 것은 매우 많을 것이다. 신문이 다루는 여러 분야의 기사들, 신문의 제작과정, 신문에 등장하는 여러 요소들이 모두 신문을 통한 교육의 대상이 될 수 있다. 또한 NIE는 논술교육과 연관되어 있기도 하다.

그렇다면 광고는 어떠한가? 광고는 해당 사회의 모든 산업 분야를 망라하고 있다. 뿐만 아니라 광고에는 정치, 사회, 종교, 문화 등이 담겨 있다. 광고를 만드는 과정은 신문을 만드는 과정 못지 않게 다양한 단계로 구성되며 수많은 분야와 관련되어 있다. 이렇게 보면 광고란 어떤 미디어보다 폭넓게 교육에 활용될 수 있는 재료라고 할 수 있다. 특히 창의력을 강조하는 요즘의 교육 경향을 고려해 보면, 창의력에 바탕을 둔 광고야말로 가장 적합한 교육의 장을 제공한다고 할 수 있을 것이다.

그러나 현재까지 광고를 교육에 활용하는 방식은 광고란 무엇인가, 어떤 과정을 거쳐 만들어지는가, 광고의 윤리적 측면은 어떠한가 등 광고의 일반론, 즉 광고에 대한 교육에 초점을 맞춘 수준이어서 광고를 활용한 교육에 대해서는 아직 전인미답의 경지나 다름없다고 하겠다.

광고활용교육 연구는 광고를 효과적으로 교육에 활용할 수 있는 방안 모색을 목적으로 하며, 이를 통해 광고를 우리 사회의 중요한 문화기제로 인식하게 하고 광고를 분석적으로 보게 한다. 또한 광고로부터 유용한 지식을 축적할 수 있게 하고, 나아가 광고에서 창의력, 언어적 표현 능력, 예술적 감성을 습득하도록 인도하고자 한다. 기존 신문활용교육(NIE: Newspaper In Education)은 신문사들이 신문 판매부수를 늘이기 위한 방편이라는 비판을 받고 있는 데 반해, 광고활용교육은 광고의 판매나 제품의 판매 또는 매체의 판매에 영향을 줄 가능성이 거의 없기 때문에 그러한 비판으로부터 자유로울 수 있다. 이는 상업적인 광고가 광고활용교육과 결합되면서 새로운 지위를 얻게 되는 것이라고 할 수 있다. 이것이 광고를 활용한 교육을 연구하고, 나아가 어떻게 발전되어야 하는지를 제시하고, 그에 따른 자료를 축적하는 광고활용교육에 관한 연구가 필요한 이유이다.

2. 광고활용교육 이해의 목적

교육현장에서 창의력 학습에 대한 필요성이 제기되고 있는바, 이에 대한 관심과 노력이 점차 커지고 있다. 높은 창의력은 논술과 구술, 커뮤니케이션 능력은 물론, 문제해결력과 같이 미래 지식사회를 이끌어 갈 청소년에게 요구되는 기본적인 덕목이 되고 있다. 본 연구는 창의력 학습으로써 초·중·고등학교 교사와 학생, 그리고 일반인의 창의적 교육과 폭넓은 사회 교육을 위해 광고활용교육(Advertising in Education: AIE; 이희복, 2005a)의 현황을 파악하고, 발전방안을 모색하는 데 기본적인 목적이 있다. 그러나 발전방안을 구체적으로 수립하는 데는 많은 연구와 창의력과 다양한 분야의 협력이 필수적이다. 광고활용교육은 실제로 현장에 적용하는 교육시스템을 구축하는 것을 목표로 하고 있으나, 본 연구의 목적은 광고활용교육에 관한 기초적인 자료를 구축하고 이해와 협력을 구하는 것이라고 하겠다. 이를 위해서 현재까지의 광고활용교육의 현황을 살펴보고 광고활용교육에 관한 인식은 어떠한가를 파악하는 것이 현실적인 목적이라고 할 수 있다.

현재의 현실적인 연구목적을 구체적으로 정리하면 다음과 같다:

첫째, 광고활용교육의 개념과 범위 및 활용에 대한 다양한 분야의 담론들을 재검토함으로써 광고활용교육의 정의와 방향성을 정립하고자 한다. 이러한 정의와 방향성에 근거하여 관련 영역의 지식들과 관련 변인들을 범주화하고 이론적인 체계를 구축한다.

둘째, 이론적 체계를 바탕으로 국내 광고활용교육의 현황 및 인식을 파악하여 관련 연구의 토대를 마련한다.

셋째, 이러한 과정을 통해 광고활용교육 모델의 토대 및 발전방안을 모색하고자 한다. 이는 교사, 학생, 일반인이 광고활용교육을 시행할 수 있는 것으로, 이론적인 측면보다는 현실 세계에서 실제적으로 활용가능한 방법에 초점을 두게 될 것이다.

3. 이 책의 구성

본 연구는 광고활용교육의 정의와 방향성을 제시하고, 이론적 체계를 구축하며, 국내의 현황과 인식을 파악하는 한편, 광고활용 교육의 토대 및 발전방안을 모색하고자 하는 목적을 달성하기 위해 다음과 같은 3단계의 복합적인 연구를 진행하고자 한다.

1) 광고활용교육 관련 문헌연구

1단계는 광고활용교육의 체계화를 위해 광고학과 관련 분야의 이론적 논의를 살펴봄으로써, 광고활용교육의 구체적 실행형태와 적용 패러다임을 도출하는 데 유용한 틀을 마련하고자 한다. 광고 활용교육 관련 문헌연구는 현재까지 진행된 관련 분야의 연구를 중심으로 1) 광고활용교육 연구의 배경, 2) 광고활용교육 관련 연구 동향, 3) 미디어교육으로서 광고활용교육의 기능 및 역할, 4) 광고활용교육 내용 모델과 적용 범위, 5) 광고활용교육의 초점, 6) 광고활용교육의 내용과 관련 분야에 대해 살펴보게 된다. 이는 광고활용교육의 이론적 체계화를 위한 토대연구로, 이러한 분석을 통해 광고활용교육에 적용 가능한 관련 분야 이론들을 광고활용교육 발전방안이라는 목표 아래 새롭게 체계화하여 광고활용교육의 구체적 실행형태와 적용패러다임을 도출하는 데 유용한 틀로 활용하고자 한다.

○ 분석대상: 광고활용교육에 관한 국내외 문헌
○ 분석기간: 2007년 8월~11월

2) 광고활용교육의 현황

2단계는 국내외 광고활용교육에 대한 현황 파악으로, 첫째, 광고활용교육 관련 연구 및 활동, 둘째, 초·중·고등학교 광고활용교육 현황 조사로 이루어진다. 광고활용교육 관련 연구 및 활동 현황 연구는 국내의 광고활용과 관련된 교육 실태와 해외 사례를 살펴보는 것이다. 둘째는 초·중·고등학교 광고활용교육 현황 조사로, 교사대상 서베이를 통해 현재 초·중·고등학교에서 광고활용교육이 어떻게 이루어지고 있는지를 파악하고자 한다.

(1) 광고활용교육 관련 연구 및 활동에 관한 조사

광고활용교육 관련 연구 및 활동에 관한 조사는 광고활용교육에 관한 국내외 기관 및 연구자의 연구 및 활동 현황 자료를 바탕으로 다음과 같은 5가지 차원을 살펴보았다. 첫째, 국내 초·중·고등학교 교과서 광고관련 내용 연구, 둘째, 광고활용교육을 위한 교사교육, 셋째, 학생대상 광고활용교육, 넷째, 광고활용교육 사례, 다섯째, 해외 광고활용교육 관련 인프라에 대한 조사로 이루어졌다. 이는 현재 광고활용교육과 관련된 다양한 분야의 활동을 다차원적으로 분석하는 것으로, 체계적이고 통합적인 현황분석을 통해 광고활용교육의 범주 및 다양한 학습 내용과 교육실행 모형에 대한 고찰, 나아가 본 연구의 최종 목표인 광고활용교육 발전방안 모색의 기초 자료로 삼고자 하였다.

> ○ 분석대상: 광고활용교육에 관한 국내외 기관 및 연구자의 연
>   구 및 활동 현황 자료
> ○ 분석기간: 2007년 8월~11월

(2) 초·중·고등학교 광고활용교육 현황 조사

광고활용교육 현황 조사는 초·중·고등학교 교사를 대상으로 광고활용교육 실시여부, 담당교사, 교육시간, 교육형태, 교육자료, 기자재 현황 등을 파악하는 것이다. 이는 현재 국내 광고활용교육 현황 조사를 통해 현재의 문제점이 무엇인지를 파악하고, 이에 대한 개선방안을 모색함으로써 광고활용교육 발전방안 제시를 위한 자료 수집을 목적으로 하였다.

> ○ 조사대상: 광고활용교육을 실시하고 있는 초·중·고등학교
> ○ 조사시기: 2007년 10월~11월
> ○ 조사방법: 광고활용교육을 실시하고 있는 초·중·고등학교
>   교사 대상 설문조사

3) 광고활용교육의 인식과 실제

3단계는 광고활용교육에 대한 인식 조사로, 광고활용교육 교사 연수프로그램 참가자 인터뷰 내용에 대한 분석과 광고활용교육에 대한 교사 인식 조사로 구분하여, 광고활용교육에 대한 인식과 발전방안에 대한 의견을 알아보고자 하였다.

(1) 광고활용교육 교사연수프로그램 참가자 인터뷰 분석

광고활용교육에 대한 교사 인식의 질적 자료 수집을 위해 광고활용교육을 위한 교사연수프로그램 참가자들을 대상으로 광고활용교육에 대한 인식 및 교사연수프로그램의 효과, 교육 내용에 대한 의견을 파악하고자 하였다. 교사연수프로그램 참가자 인터뷰 내용은 한국광고단체연합회의 '광고제작을 활용한 교수학습법' 참가 대상자 심층 인터뷰 내용을 바탕으로 하였다.

 ○ 조사대상: 광고활용교육 교사연수프로그램 참가자 인터뷰 내용
 ○ 분석시기: 2007년 10월
 ○ 분석방법: 광고활용교육 교사연수프로그램 참가자 인터뷰 자료 내용 분석

(2) 광고활용교육에 대한 교사 인식 조사

광고활용교육에 대한 교사 인식 조사는 광고활용교육의 필요성, 교육목표, 기대 및 교육효과, 발전 및 지원방안 등에 대한 의견 설문 조사를 실시하고자 하였다. 미디어활용교육의 인식 및 발전방안에 관한 기존 연구를 광고활용교육에 적용하여 현장에 있는 교사들의 어려움 및 발전방안에 요구사항들을 파악하고자 설문조사를 진행하였다.

 ○ 조사대상: 광고활용교육에 관심 있는 초·중·고등학교 교사
 ○ 조사방법: 오프라인 & 온라인 설문조사
 ○ 조사시기: 2007년 9월

앞선 3단계의 연구 결과를 바탕으로, 바람직한 광고활용교육의 방법론을 모색하여 최종적으로 국내 교육환경에 적용할 수 있는 창의력 향상을 위한 광고활용교육 발전방안을 제시하였다. 본 연구의 결과는 이론적, 실증적 분석의 성과들을 바탕으로 하여 광고활용교육에 요구되는 기본 원칙과 방향성에 입각한 교수·학습법에 대한 논의와 더불어 교육현장에 적용가능한 교육 시스템을 구축할 수 있다는 실질적 효과를 갖는다고 본다. 연구단계별 방법 및 내용을 정리하면 다음과 같다.

〈표 Ⅰ-1〉 광고활용교육 발전방안 연구의 방법 및 내용

1단계: 문헌연구	
광고 및 교육 이론	내용: 광고활용교육에 적용 가능한 이론 방법: 문헌연구

⇩

2단계: 광고활용교육 현황	
관련 연구 및 활동	내용: 광고활용교육 관련 연구 및 활동 현황 방법: 광고활용교육 관련 문헌 연구 및 관련 활동에 대한 자료 분석
초·중·고등학교 광고활용교육 현황 조사	내용: 광고활용교육 실시여부, 교육 형태 및 교육 내용, 교육 시간, 담당교사, 기자재 현황 등 방법: 초·중·고등학교 교사에 대한 서베이

⇩

3단계: 광고활용교육 인식과 실제	
광고활용교육 교사연수프로그램 참가자 인터뷰	내용: 광고활용교육 및 교사연수프로그램에 대한 인식 방법: 연수 참가자를 대상으로 한 인터뷰 내용 분석
광고활용교육에 대한 교사 인식 조사	내용: 광고활용교육의 필요성, 교육 목표, 기대 및 교육 효과, 발전 및 지원방안 등에 대한 의견 방법: 초·중·고등학교 교사에 대한 서베이

Ⅱ. 광고활용교육의 등장과 발전

1. 광고활용교육 연구의 배경

교육기본법 1장 9조 3항은 "학교교육(學校敎育)은 학생(學生)의 창의력(創意力) 계발(啓發) 및 인성(人性)의 함양을 포함한 전인적 교육(全人的 敎育)을 중시(重視)하여 이루어져야 한다."라고 명시하고 있다. 그러나 과연 학교 교육이 창의력 계발을 중시하고 있으며, 사회인으로 살아가기 위한 전인적 교육이 이루어지고 있는지는 생각해 볼 여지가 있다. 현실에서는 사교육이 학교생활의 많은 부분을 대신하고 있고, 학생들은 오히려 학교가 아닌 다른 곳에서 창의력을 배우고 있는 실정이다.

2004년 신지식 금융인으로 선정된 박철(2005)은 "아이들은 매일 두 개의 학교에 다닌다. 하나는 진짜 '학교'이고 다른 하나는 바로 '광고'다."라고 하였다. 그는 광고가 이미 생활 깊숙이 파고들어 아이들의 생각과 행동을 지배하고 있다고 하였다. 이러한 증거는 우리 생활주변에서도 쉽게 찾아볼 수 있다. 앞서 언급했던 예에서 알 수 있듯이 '단백질의 한 종류로서 우리 머리털을 구성하고 있는 것'에 대해서 학교에서 배우지 않은 초·중등학생 중 상당수가 그 구성성분이 '케라틴'임을 알고 있고, '근거리 무선통신 기기 사이에 통신이 가능하도록 하는 기술'이 '블루투스'라는 것을 아는 것도, 어린 학생들이 지식을 습득한 또 다른 정보원은 학교가 아니라 광고인 것이다. 광고는 지식의 정보원일 뿐 아니라 다양한 자원을 제공하는 원천이기도 하다.

비단 어떤 지식을 알게 하는 것 외에도 광고는 많은 것을 제공하고 있다. 예를 들면 영화나 TV의 드라마를 비롯한 다양한 프로그램들과 마찬가지로 오늘날의 생활양식을 가르치기도 한다. '그녀는 했을까, 안 했을까?(Does She or Doesn't She?)'라는 헤드라인으로 유명한 클레어롤 머리 염색약 광고 카피를 쓴 FCB의 셜리 폴리코프(Shirley Ploykoff)는 이렇게 말한 바 있다. "우리가 진짜 미국인이 되는 방법을 진짜로 배운 것은 잡지 광고였습니다. 집 안을 어떻게 꾸며야 하는지, 식탁을 어떻게 배치해야 하는지, 옷은 어떻게 입어야 하는지, 또 어떻게 잘 손질해야 하는지 등에 관해서요."(리대룡 · 차유철, 2005). 지하철에서 신문을 볼 때는 반을 접어서 보아야 옆 사람에게 피해를 덜 준다는 것도 광고를 통해서 배운 것이다. 러시아계 유대인 이민자였던 폴리코프가 미국에서 살아가는 법에 대해 배울 수 있는 경로는 많았겠지만, 그녀는 특히 광고에서 삶의 양식을 배웠다는 점을 강조하고 있다.

이러한 사례들은 광고가 단순히 상품을 파는 수단이 아니라 그 이상의 기능, 즉 Wright(1960)가 매스커뮤니케이션의 4가지 기능으로 분류한 것 중 사회화 기능(socialization)과 환경에 대한 해설 및 처방의 기능(Interpretation and Prescription)을 수행한다는 것을 보여주는 것이다. 물론 광고 자체를 즐기는 사람에게는 오락의 기능은 부수적으로 수행된다고 보아야 할 것이다. 더 나아가 광고는 일반적인 미디어가 수행하기 어려운 기능도 수행하고 있다. 광고의 이러한 기능은 상업적 기능 외에도 분명 사회에 공헌할 수 있는 또 다른 가능성이라고 하겠다. 광고를 어떻게 활용하는가 하는 문제는 광고 자체가 아니라 사회에 던져진 과제일 것이다.

리대룡(2007a)은 찰스 양(Charles Yang)의 <그림 Ⅱ-1>과 같은 광고시스템을 들어 광고활동은 기업에 대한 공헌뿐 아니라 사회 전체에 대한 공헌을 동시에 쌓을 수 있도록 전개되어야 한다고 하였다. 즉 미시 광고시스템에서는 기업에 공헌을, 거시 광고시스템에서는 사회 전반에 공헌을 해야 한다는 것이다. 또한 광고연구나 광고교육도 마찬가지로 적용되어야 할 부분이라고 하였다. 실제로 오늘날 많은 광고가 메시지상으로는 사회적 책임이나 공익을 반영하고 있으나, 그것이 광고가 사회에 공헌할 수 있는 전부는 아니다. 광고에 공익적 메시지를 담는 것이 1차적인 사회적 책임을 수행하는 것이라면, 광고를 다른 용도, 이를테면 교육적으로 활용하는 것은 2차적이지만 오히려 사회가 광고를 보다 적극적으로 사회에 공헌하도록 하는 것이다.

또한 리대룡(2007b)은 광고는 제3자의 평가가 중요하다는 관점에서 광고에 대한 인식체계를 <그림 Ⅱ-2>와 같이 광고주의 신념체계, 광고수용자의 욕구체계, 제3자의 평가체계라는 3자의 상호관계로 구조화하면서, 그동안 광고에 대한 인식은 소비자의 욕구체계에 초점을 맞추어 왔다고 하였다. 이러한 관계에서 광고전문가의 역할이 중요하며, 좋은 광고전문가를 키우기 위해서는 대학의 광고교육에 광고의 사회적 책임과 윤리적 광고를 비중 있게 반영하여야 한다고 주장하였다. 이러한 주장과 맥을 같이하는 새로운 관점으로 '창의적 인재 양성과 광고인식 개선의 일거양득'의 방안으로 제안한 광고활용교육을 들고 있다.

광고활용교육(Advertising in Education)은 이러한 광고의 사회화 기능 또는 학습 기능을 체계적으로 활용하여 이루어지는 교육을 일컫는 새로운 용어이다. 또한 광고의 사회적 책임을 수행하는 수단이자 그러한 책임을 수행할 좋은 광고인을 양성하는 방법이기도 하다. 이미 학교 교육에서 많은 교사들과 학생들이 광고를 활용한 교육을 부분적으로 실시하고 있지만, 구체적인 커리큘럼이나 교재 등으로 출간되지 않아 이론적으로 제시하기 어렵다. 또한 아직 광고활용교육 자체에 대한 연구가 본격적으로 이루어지지 않고 있어

통용되는 용어는 아니기 때문에 이에 대한 연구가 더욱 필요하다
(이희복, 2005b).

〈그림 Ⅱ-1〉 광고 시스템

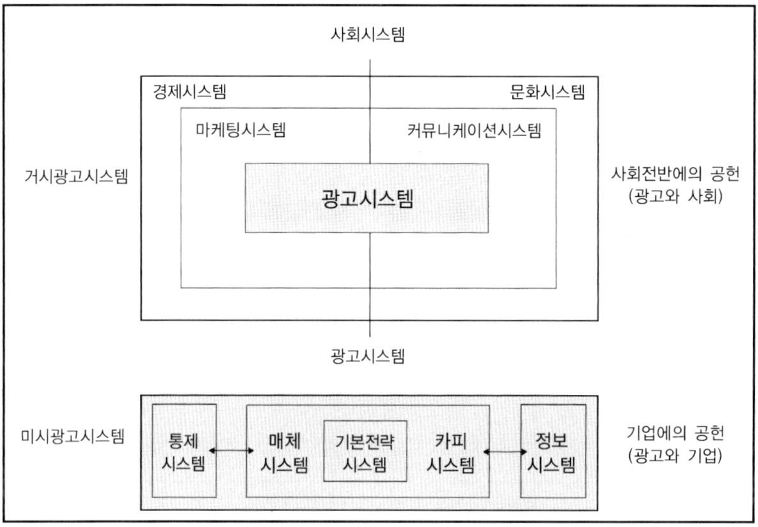

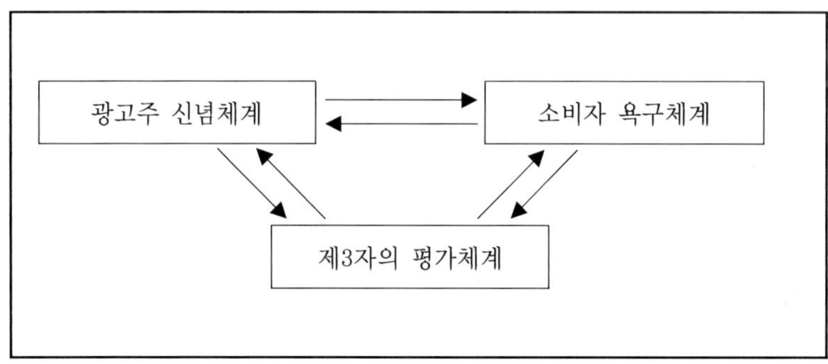

※출처: “공익이나 사회적 책임을 강요당하는 광고”, 리대룡, 『광고계동향』, 2007년 8월호.

〈그림 Ⅱ-2〉 광고에 대한 인식체계

※출처: “‘광고이데올로기’는 광고활동의 핵이다”, 리대룡, 『광고계동향』, 2007년 9월
호에 근거하여 연구자가 도식화한 것.

2. 광고활용교육 관련 연구 동향

광고활용교육의 연원을 구체적으로 밝히기는 어려우나 용어를 처음 사용한 것은 2005년이고, 개념을 처음 적용한 것은 1997년으로 볼 수 있다. 최초 아이디어 차원에서 출발하였으며 학문적인 접근은 최근의 일이며, 학교교육에서의 관심과 활용에 비해 본격적인 연구는 2~3년 이내로 관련 연구가 그다지 많다고 할 수 없다. 그동안 광고활용교육과 관련된 연구나 저술, 활동 등 동향을 개략적으로 살펴보면 다음과 같이 정리할 수 있다.

〈표 Ⅱ-1〉 광고활용교육 관련 연구 흐름

연도	내용
1997	10월: 기독교윤리실천시민연합 교사 특강에서 "광고를 활용한 교육"(이희복, MBC애드컴)을 발표, 광고활용교육에 관한 첫 번째 논의가 시작됨
2005	7월~8월: 광고단체연합회 광고제작을 활용한 교육 1기 교사연수
	11월: 고려대에서 열린 한국광고학회 연차학술대회에서 "광고를 활용한 미디어교육(AIE)"(이희복, 상지대 언론광고학부 교수) 논문발표
	12월: 한국커뮤니케이션학회 가을철학술대회에 "광고를 활용한 미디어교육과 광고리터러시"(이희복, 상지대 언론광고학부 교수) 논문발표
	12월: 광고단체연합회 "창의력을 키우는 광고수업 광고길라잡이" 출간 책임연구원: 리대룡(중앙대 광고홍보학과 교수) 연구원: 김재영(남서울대 광고홍보학과 교수) 　　　　차유철(우석대 광고이벤트학과 교수) 　　　　김영순(인하대 사회교육학과 교수) 　　　　조병중(서울여상 교사) 　　　　김언동(대구서부고교 교사)

연도	내용
2006	2월: 광고단체연합회 보고서 "교과서에 나타난 광고에 대한 표현"에서 광고활용교육에 대한 방안을 제시 연구자: 이희복(상지대 언론광고학부 교수) 3월: 언론학회 미디어교육위원회 『미디어교육과 교과과정』(커뮤니케이션북스 발행)에서 "8장 광고활용교육과 미디어교육 교과과정"(이희복, 상지대 언론광고학부) 소개 4월: 학술진흥재단 인문사회분야 기초연구(창의주제)과제에 "AIE 교육 시스템 모델 개발 연구" 신청 6월: 한국커뮤니케이션학회 춘계학술대회에서 "광고활용교육이 고교생의 광고회의주의에 미치는 영향" 발표 연구자: 차유철(우석대 광고이벤트학과 교수) 　　　　 이희복(상지대 언론광고학부 교수) 7월~8월: 광고단체연합회 광고제작을 활용한 교수학습법 2기 교사연수 프로그램 실시 8월: 중국 베이징 전매대학에서 열린 4회 아시아미디어포럼에서 "사회적 다양성과 미디어교육: AIE를 중심으로" 논문 발표 연구자: 이희복(상지대 언론광고학부 교수) 　　　　 김대환(경주대 방송언론광고학부 교수) 10월: 옥외광고학연구 3권 2호에 "광고의 인식 개선을 위한 광고 수용자 교육의 과제"에서 광고활용교육을 인용 소개 연구자: 문철수(한신대 광고홍보학과 교수)
2007	4월: 학술진흥재단 인문사회분야 기초연구(창의주제)과제 "광고활용교육 현황과 발전방안 연구" 신청 7월: 방송위원회 방송발전기금 지원 2007년 조사연구관련사업 저술 부문 지원사업 "방송광고를 활용한 창의력학습" 선정 광고학회 방송광고창의력 저술팀 참여연구원 이희복(상지대 언론광고학부 교수) 한상필(한양대 광고홍보학과 교수) 이경렬(한양대 광고홍보학과 교수) 이화자(광주대 광고홍보학과 교수) 차유철(우석대 광고이벤트학과 교수) 김병희(서원대 광고홍보학과 교수) 신명희(상지대 언론광고학부 강사) 8월: 전문인력 연수교육사업 지원 "교원 방송광고제작 연수" (호남발전연구원)

연도	내용
2007	7월~8월: 광고단체연합회 광고제작을 활용한 교수학습법 3기 교사연수 기본과정과 심화과정으로 2원화하여 교육 9월: 광고정보 9월호 특집 "광고와 소비자, 인식의 벽을 허물다"에 광고활용교육을 소개한 "창의적 인재양성과 광고인식 개선" 기고 연구자: 이희복(상지대 언론광고학부 교수)
	10월: 2007 광고진흥자금 지원사업에 "광고활용교육의 발전방안에 관한 연구" 선정 연구자: 강원언론학회 광고활용교육 연구팀 　　　　정윤식(강원대 신문방송학과 교수) 　　　　차유철(우석대 광고이벤트과 교수) 　　　　이희복(상지대 언론광고학부 교수) 　　　　신명희(상지대 언론광고학부 강사)
	10월: 광고학회 가을철 정기학술대회 제주 컨벤션센터에서 "광고활용교육이란 무엇인가?" 외 2편의 논문 발표 (방송위 2007 조사연구관련사업 저술지원 전문가 리뷰)
	10월: 한국커뮤니케이션학회 가을철 학술세미나에서 "광고활용교육에 대한 현황과 인식" 논문 발표 (광고진흥자금 지원연구 전문가 리뷰)
2008	3월: 실업계 고등학교에 특성화 지정(서울 동구여상, 천안 천안여상), '광고과' 전공개설 및 시범운영 예정

　광고활용교육과 관련된 국내 연구가 부족한 가운데, 위와 같은 연구의 진행은 나름대로 소신과 지속적 의지를 가지고 광고활용교육을 연구해 온 연구자들의 연구동향이라 할 수 있다. 그러나 뜻 있는 학자나 일선 교사들에 의해 공식적, 비공식적으로 진행되어 온 연구와 실행이 다수 있었고, 현재도 진행 중이므로 이상의 동향이 광고활용교육의 전부라고 할 수는 없을 것이다. 다만 학술진흥재단과 기타 관련 업계 및 학술단체들이 광고활용교육에 대해 관심과 지원이 매우 부족한 것을 알 수 있었다.

3. 미디어교육으로서 광고활용교육

오늘날 세계는 정보기술의 발달과 새로운 미디어의 등장으로 인해 하나의 거대한 커뮤니티를 형성하고 있으며, 근대화에서 서구에 뒤져 있던 아시아 각국은 정보기술의 발달을 기반으로 정치, 경제, 문화 등 각 분야에서 급속도의 성장을 보이고 있다. 이러한 성장을 수용자 측면에서 가장 쉽게 접할 수 있는 부분은 기존 미디어의 변형과 더불어 새로운 성격을 가진 미디어의 등장이라고 볼 수 있다.

미디어는 현대사회에서 환경으로 인식되고 있으며, 더욱이 디지털미디어의 발전은 거의 모든 영역에서 미디어가 관여하게 되는 상황을 도출하고 있다. 이러한 환경의 변화 속에서 미디어를 사용할 수 있는 능력보다 미디어를 읽고 쓸 수 있는 능력, 즉 미디어 리터러시(Media Literacy)의 중요성이 더욱 부각되고 있다.

특히 미디어의 영향력은 성장과정의 청소년에게 중요한 영향을 미치기 때문에 청소년을 대상으로 한 미디어교육(Media in Education)이 강조되고 있다. 미디어교육은 미디어를 이해시키는 것이며, 미디어는 문화를 이야기하고, 문화는 커뮤니케이션, 즉 개인 간의 의사소통의 문제를 제기하며 더 나아가 미디어는 인간 간의 커뮤니케이션뿐만 아니라 환경과 인간의 조우에도 절대적인 영향력을 행사한다.

광고는 미디어이면서 콘텐츠의 성격이 강한 설득커뮤니케이션 분야로서 미디어교육의 여타 분야, 즉 신문활용교육은 물론, 방송과 영상을 활용한 미디어교육과도 관련성이 매우 높다. 게다가 광고는 소비자들에게 제품의 판매와 서비스의 이용을 목표로 하여 다양한 미디어를 통해 유료로 전달하는 모든 정보전달 행위를 포함하기 때문에 설득기능과 커뮤니케이션 연구대상으로서의 충분한 가치를 갖고 있다. 특히, 기획력과 설득력 그리고 미디어 능력 등 다양한 미디어교육 효과를 기대할 수 있다.

다음의 논의들은 광고활용교육 관련된 미디어교육, 신문활용교육, 광고교육과 광고활용교육과의 관계를 살펴봄으로써 광고활용교육의 목표 및 내용, 효과 등을 구체화시킬 수 있다.

1) 미디어교육

우리나라에서는 1973년부터 미디어교육에 대한 논의가 시작되었다(한국언론재단, 2003). 초기에는 청소년교육 차원에서 접근했으나 이후 시민사회 기관 주도의 교육이 이루어졌고, 최근에는 TV, 신문, 영화뿐만 아니라 인터넷과 같은 디지털 미디어에 이르기까지 미디어교육 영역이 더욱 넓어지고 있다. 바람직한 미디어교육이란 기계적 미디어를 활용하여 미디어에 대한 리터러시 능력을 신장시키는 것이며, 이를 통해 창의성 교육을 도모해야 한다(김영순, 2003). 이는 곧 미디어교육의 최종 목적이 창의성 향상을 위한 것임을 강조하는 것이라고 볼 수 있다.

미디어 일반에 대한 교육은 미디어 리터러시(Media Literacy)라는 범주에서 이루어지고 있는데, 김영길(2004)은 미디어 리터러시를 다음의 세 단계로 구분하고 있다. 첫 번째 단계는 미디어를 선택하고 사용하는 시간에 균형이 있어야 한다는 것을 인식하는 것이고, 두 번째 단계는 '장면이나 화면은 어떻게 구성되는 것이며 삭제된 부분이 무엇일까?'라는 질문을 갖고 분석하는 분별력 있는 사용자 습관을 습득하는 것이며, 세 번째 단계는 누가, 무슨 목적으로 우리가 사용하는 미디어를 제작하는가를 탐구하는 것이다. 이를 요약하면, 미디어 리터러시의 개념은 미디어를 조작하고 접촉하는 능력, 미디어의 콘텐츠를 이해하고 분석하는 능력, 미디어 콘텐츠가 갖는 함의를 파악하고 활용하는 능력이라고 할 수 있다. 이들 중 조작 접촉 능력, 이해 분석 능력은 '미디어에 대한(about)' 부분이고, 파악 활용 능력은 '미디어를 통한(through)' 부분이라고 할 수 있다.

미디어가 다양해짐에 따라, 또한 미디어에 대한 정의가 확대됨에 따라 미디어 교육 또는 미디어 리터러시 교육이 영화, 연극, 미술, 음악, 인터넷 등 다양한 사회의 커뮤니케이션 수단들을 대상으로 하여 이루어지고 있다.

2) 신문활용교육(NIE)과 광고활용교육(AIE)

신문활용교육은 70여 년의 역사를 가지고 있으며, 국내에서도 나름대로 체계를 어느 정도 갖추고 있다. 신문활용교육을 전문적으로 교육시키는 기관도 다수 있다. 그 내용으로는 신문에 대한 교육, 신문을 통한 교육이 중심적이라고 하겠다. 그러나 한편으로 신문활용교육이 본래의 취지, 즉 문자 접촉의 기회를 넓힌다는 차원에서 이 과정에서 얻게 되는 상업적인 측면이 엿보이기도 한다. 신문을 학교교육에서 활용하기 위해서는 신문이라는 미디어 자체를 사용해야 하는데, 이는 필연적으로 신문구독을 수반하게 된다. 이때 신문 구독의 증대는 신문활용교육의 부수적인 현상이라고 할 수 있는데, 오히려 이를 목적으로 신문활용교육이 이루어지고 있다는 주장도 제기되고 있다. 또한 작금의 대학입시와 관련지어 논술에 초점을 맞추는 경향도 있다. 이는 신문활용교육의 일부였던 측면이 사회적인 경향 또는 수요에 편승해서 특정 부분이 비대해진 감도 없지 않다.

어쨌든 신문활용교육은 신문을 통해 미디어 리터러시를 증진시킨다는 것만으로도 매우 긍정적인 역할을 하고 있다. 신문이라는 미디어를 이해하고, 그것을 적극적으로 활용할 줄 아는 것은 현대 민주사회에서는 민주시민의 매우 중요한 덕목이 되기 때문이다. 광고활용교육 역시 신문활용교육의 연장선에 있다고 할 수 있다. 광고를 활용한 교육을 AIE라고 처음 명명한 이희복은 이것이 신문활용교육에서 착안한 것이라고 하였다.

어떠한 미디어를 활용한다는 면에 있어서는 양자가 맥락을 같이하고 있으나, 신문과 광고는 근본적으로 다른 성격을 띠고 있어 양자 사이에는 분명한 차이가 있다. 첫째, 신문은 기본적으로 종이에 인쇄된 유형의 미디어인 반면, 광고는 보거나 들을 수는 있지만 기본적으로 신문처럼 종이라는 분명한 형태를 가진 것이 아니라 신문에 게재되는 혹은 신문을 매개체로 삼는 콘텐츠라고 할 수 있다. 이는 미디어라고 하더라도 신문과 광고는 미디어의 수준 또는 차원이 다르다는 것이다. 둘째, 신문은 신문이라는 단일 미디어로 구성되어 있지만, 광고는 신문광고 외에도 TV, 라디오, 잡지, 옥외, 지하철, 전단 등 다양한 미디어로 구성된다는 점이다. 신문활용교육에서는 접근 경로가 신문에 한정된 반면, 광고활용교육에서는 거의 모든 미디어로 확장되어 있어 활용의 폭이 그만큼 넓다

고 하겠다. 셋째, 지금까지의 신문활용교육이 주로 신문에 대한
(about) 교육과 신문을 통한(through) 교육에 초점을 맞추고 있는
반면, 광고활용교육은 광고에 대한(about) 교육보다는 광고를 통한
(through) 교육과 광고로부터의(from) 교육의 비중이 더 크다는 것
이다. 물론 아직 광고활용교육이 활성화되지 않았기 때문에 현장
에서의 활용이 어떠할지는 미지수이지만, 광고는 미디어 자체를
강조하기보다 광고물이라는 콘텐츠에 담긴 메시지와 이미지, 그리
고 광고물을 만드는 여러 과정이 교육에 더 적합하다고 판단되기
때문이다. 넷째, 상업성의 차이이다. 신문활용교육에서 다루는 대
부분의 콘텐츠는 상업적이지 않지만, 광고에서 다루는 콘텐츠의
대부분은 상업적이다. 반면에 신문활용교육은 신문의 판매와 관련
된 상업적 성격을 띠고 있으나 광고활용교육은 광고를 활용한다고
해도 누구도 상업적 이익을 취하지 않는다. 상업적 측면에서 두
가지 교육은 서로 상반된 입장에 있다.

　양자 사이의 차이를 두고 어느 것이 더 교육에 적합한가를 논하
기보다는 그만큼 교육에서의 활용 폭이 넓은 것으로 보는 것이 타
당할 것이다. 이를테면 심도 있는 사회적 이슈에 대한 교육에는
신문활용교육이 적합할 것이고, 창의력을 기르는 데 초점을 둔다
면 광고활용교육이 더 적합하다고 할 수 있다.

3) 광고교육과 광고활용교육

　광고교육은 광고활용교육과 구별해야 할 개념인 동시에 광고활
용교육의 일부라고 할 수 있다. 광고교육은 주로 광고에 대한

(about) 교육을 의미하는데, 현재 <광고일반>이라는 교과서를 활용하는 고등학교의 정규교과와 대학교의 광고관련 학과의 대부분의 교과들이 여기 해당된다고 하겠다. 염성원(2006)은 "대학에서의 광고교육의 목표는 학문적 연구, 교수인력의 양성 그리고 전문 광고인의 양성을 주된 것으로 정하고 있다."라고 하였다.

 한편 문철수(2006)는 광고를 활용한 미디어교육 또는 광고미디어교육을 광고활용교육(AIE)이라고 규정하고 있다. 문철수는 김대행(2004)이 광고미디어 교육을 지식교육, 이해능력을 기르기 위한 교육, 광고제작 교육의 세 가지 영역으로 구분한 것을 광고활용교육의 영역으로 해석하고 있다. 그러나 이들 세 영역은 모두 광고에 대한(about) 교육의 성격을 강하게 띠고 있으며, 광고 리터러시의 차원에서 접근하고 있다고 하겠다. 따라서 이는 광고활용교육이라기보다는 광고교육에 가깝다고 할 수 있다. 즉 광고교육은 광고에 대해 배우고, 이해하는 한편, 광고를 기획하고, 광고를 만들고, 광고를 집행하는 일련의 광고과정에 초점을 둔 것이다. 이에 반해 광고활용교육은 광고를 통한(through) 교육과 광고로부터의(from) 교육에 초점을 두고 광고를 어떻게 학습 도구로 활용할 것인가를 모색하는 것이다. 따라서 광고교육에서는 광고가 목표가 되지만, 광고활용교육에서는 광고가 수단이 된다.

4. 광고활용교육 내용 모델과 적용 범위

미디어교육과 관련하여 주목받는 키워드는 미디어 리터러시 (Media Literacy)이다. 이것은 미디어교육이 추구하는 궁극적인 목표와도 관련이 있다. 리터러시라는 용어는 1970년대 TV 리터러시 교육과정에서 시작되었으며, 멀티미디어와 결합하여 '멀티 리터러시(Multi Literacy)'라는 말이 등장하게 되었다. 미디어 리터러시는 "미디어를 사용하고 해석하기 위해 요구되는 지식, 기술, 그리고 능력"을 말한다. 리터러시의 핵심적인 개념은 읽기와 쓰기로 볼 수 있으며, 광고를 활용한 미디어교육에서는 광고를 비판적 읽기 (critic analysis)와 창의적 쓰기(creative creation)가 가능하도록 충실한 광고 교육방법을 모색해야 한다.

Buckingham(2004)은 미디어교육에 있어 '리터러시' 개념의 중요성을 역설하면서 좀 더 넓은 커뮤니케이션 분석틀 안에서 미디어를 살펴볼 수 있다고 하였다. 또한 그는 리터러시가 읽기와 쓰기를 포함하기 때문에 필수적 미디어 해석과 제작과정에서 '비판적 분석'은 물론, 교사들이 창의적 제작과 통합을 역동적이고 성찰적인 접근을 가능하게 한다고 하였다. 이것을 좀 더 쉽게 <그림Ⅱ-3>과 같이 광고활용교육에 적용하여 핵심적인 내용을 모델로 제시하였다. 광고 텍스트를 비판적 읽기를 통해 내용을 분석하고, 이것을 바탕으로 창의적 쓰기 과정을 통해 제작과정을 경험할 수 있게 된다. 여기에 읽기와 분석, 쓰기와 제작, 그리고 분석과 쓰기, 제작과 읽기 등이 유기적으로 순환될 수 있다. 따라서 광고활용교육에 미디어 리터러시 개념을 적용한다면 광고 리터러시의 차원으로 발전할 수 있을 것이다.

<그림 Ⅱ-3> 광고활용교육의 내용 모델

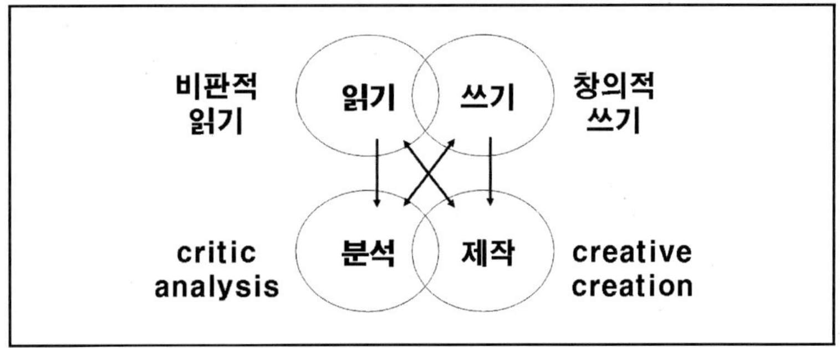

※출처: 이희복(2006c), 광고활용미디어교육과 교과과정. 미디어교육과 교과
과정. 커뮤니케이션북스.

김기태(2005)는 "미디어교육은 매체 본질 이해, 매체 비판 및 비평, 매체 감상, 매체수용, 매체의 창조적 활용, 매체 적응, 매체 제작 등의 개념을 모두 포괄한 개념"이라고 하면서 "미디어를 이용한 교육(Education Media), 즉 교육공학적 개념을 미디어교육(Media Education)으로 혼동하는 경우가 있으나, 본래 미디어교육의 기본 이념은 올바른 수용자 교육으로 수용자에게 미디어 본질을 이해시키는 교육"이라고 하였다. 따라서 광고를 활용한 미디어교육은 광고에 대한 이해와 비판, 비평, 감상과 수용, 그리고 창조적 활용과 제작, 성숙한 수용자의 역할을 포함한 미디어교육이 되어야 한다. 이러한 미디어교육의 범위는 광고활용교육에서 광고의 이해, 광고 비평, 광고 바로보기, 광고 소비자, 광고 창조적 활용, 광고 모니터, 광고 크리에이티브 등 적절한 활용의 범위를 제공하여 준다 (<표 Ⅱ-2> 참고).

〈표 Ⅱ-2〉 미디어교육과 광고활용교육의 비교

구 분	미디어교육	광고활용교육
이 해	매체 본질 이해	광고의 이해
비 평	매체 비판 및 비평	광고 비평
감 상	매체 감상	광고 바로보기
수 용	매체 수용	광고 소비자
활 용	매체 창조적 활용	광고 창조적 활용
적 응	매체 적응	광고 모니터
제 작	매체 제작	광고 크리에이티브

미디어 리터러시의 이론적 틀을 제시한 Buckingham(2004)은 미디어교육의 영역과 적용에서 교육과정의 4가지 주요개념을 제작(production), 언어(language), 재현(representation), 수용자(audiences)로 소개하면서 각 개념에서 살펴봐야 할 측면들을 소개하고 있다. 이것을 광고활용교육에서 살펴보면 <표 Ⅱ-3>, <그림 Ⅱ-4>와 같이 광고 속의 제작과정과 광고에 사용되는 언어(문법) 그리고 기호화와 해독화 과정 재현의 문제, 마지막으로 광고커뮤니케이션 수용자의 수용과정에 관한 문제들로 설명할 수 있다.

〈표 Ⅱ-3〉 광고활용교육의 영역과 적용

개념	제작	언어	재현	수용자
살펴 볼 측면	광고회사 매체사 광고주 기타 광고 산업을 구성 주체	광고관행 이미지 만들기 광고카피 광고비주얼 기획서 프레젠테이션	광고에 나타 난 이미지 고정관념 광고기호학 광고윤리 광고심의	타깃 오디언스 과장광고 모방광고 청소년과 광고 아동과 광고 광고호감도

※출처: Buckingham(2004) pp.99-118의 미디어교육의 영역과 적용을 광고활용교육에 관점으로 재정리.

<그림 Ⅱ-4> 광고활용교육의 기능

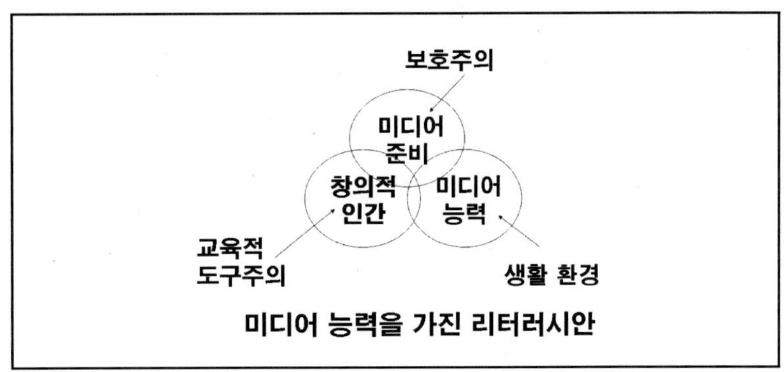

※출처: 이희복(2006c), 광고활용미디어교육과 교과과정. 미디어교육과 교과과정. 커뮤니케이션북스.

미디어교육에서 광고활용교육의 교육적 기능을 다양하게 살펴볼 수 있으나 <그림 Ⅱ-4>와 같이 대략 3가지로 나눠 볼 수 있다. 첫째는 미디어교육의 도입 초기와 같은 보호주의[1]다(문혜성, 2004). 미디어의 폐해로부터 피교육자를 보호하기 위한 보수적인 태도로 일관하였던 것과 맥락을 같이한다. 그러나 광고 활용교육에서는 '보호보다는 준비'의 개념으로 발전시켜 보고자 한다. 어린이와 광고 등 오늘날 광고를 둘러싼 부정적인 견해와 역기능을 예방할 수 있는 광고활용교육의 접근방법이다. 둘째, 교육 미디어로 도구적 활용도 가능하다. 물론, 이때에도 단순한 이용(through)보다는 광고에 대한 교육이라는 목적달성을 위해 적극적인 자세가 필요하다. 이론과 실제를 통해 광고를 활용한 창의력, 기획력, 설득력 등의

1) 보호주의, 보호 미디어교육은 20세기 초 영화 장르의 출현과 함께 출발하며 어린이와 청소년들에게 해가 될 수 있는 미디어로부터 이들을 보호하자는 '보호 미디어교육'이 중심이었다. 이것은 후에 비평적 수용과 계몽적 정치적 미디어교육, 교육 기술적 미디어교육, 행동지향 생활 지향적 미디어교육으로 발전하여 오늘에 이른다.

향상을 기대할 수 있다. 마지막으로 광고활용교육은 Baacke(1972)가 말한 미디어능력을 높여줄 것이다. 팀 프로젝트로 진행하여 협동심을 비롯해 언어능력과 의사소통 등 커뮤니케이션 능력과 현실참여 능력을 높여줄 것이다.

5. 광고활용교육의 초점

미디어 리터러시의 개념을 광고활용교육에 확장·적용하면 광고 리터러시(Ad Literacy)가 되고, 이를 구현하는 수단이 광고활용교육(AIE)이다. 그러나 광고활용교육은 단순히 광고 리터러시의 구현에 그치지 않고, 광고를 보다 적극적으로 교육의 수단이자 원천으로 활용하는 데 그 궁극적인 목적이 있다.

광고활용교육의 기본적인 아이디어는 신문활용교육(NIE)에서 출발하였다. 그러나 광고활용교육은 NIE와 달리 '광고에 대한(about) 교육', '광고를 이용한(through) 교육'의 성격을 모두 담고 있으나 그중 후자에 무게중심이 있으며, 나아가 광고를 만드는 과정으로부터의(from) 교육을 중요하게 다루게 된다. 광고활용교육을 통해 광고계의 간접적 이미지 개선을 얻을 수 있을지는 모르지만, 경제적 이익을 취할 수 있는 집단은 없다. 광고활용교육이 특정 집단의 이해관계와 직결되지 않기 때문에 NIE가 갖고 있는 도구적 성격에서 자유로울 수 있으며, 신문사의 상업성을 경계하는 비판의 목소리와도 거리를 둘 수 있다. 또한 광고활용교육은 광고를 효과적으로 교육에 활용할 수 있는 방안을 모색하는 데 초점이 있다. 이를 통해 광고를 우리 사회의 중요한 문화기제로 인식하게 하고 광고를 분석적으로 보게 한다. 또한 광고로부터 유용한 지식을 축적할 수 있게 하며, 나아가 광고에서 창의력과 언어적 표현 능력과 예술적 감성을 습득하도록 인도하고자 한다. 기존 NIE가 신문사들이 신문 판매부수를 늘이기 위한 방편이라는 비판을 받고 있는 데 반해, 광고활용교육은 광고의 판매나 제품의 판매 또는 매체의 판매에 영향을 줄 가능성이 거의 없기 때문에 그러한 비판으로부터 자유로울 수 있다. 이는 상업적인 광고가 광고활용교육과 결합되면서 새로운 지위를 얻게 되는 것이라고 할 수 있다. 물론 광고활용교육을 통해 피교육자들이 광고를 긍정적으로 생각하게 되었다면 그것은 부수적인 효과로 볼 수 있다.

<그림 Ⅱ-5> 광고활용교육의 모델

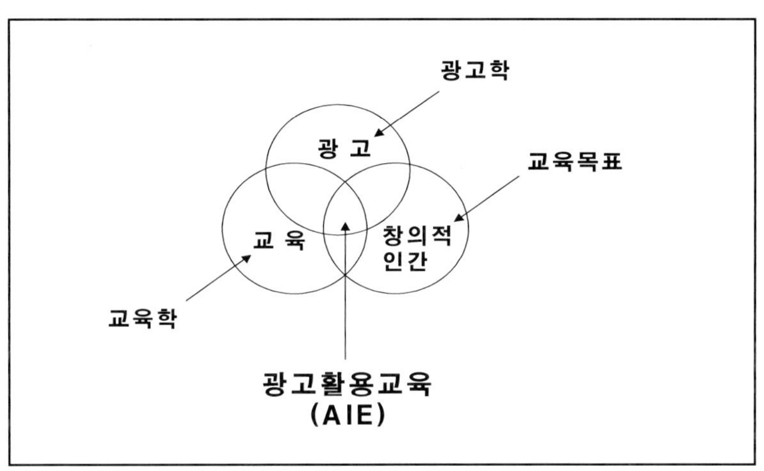

※출처: 이희복(2006c), 광고활용미디어교육과 교과과정. 미디어교육과 교과과정. 커뮤니케이션북스.

광고활용교육은 미디어 리터러시 개념을 광고라는 영역에 단순히 적용하는 것 이상의 의미를 갖고 있으며 미디어 리터러시에서 진일보하는 추가적인 개념이 필요하다. 광고활용교육을 '광고를 활용한 미디어교육'이라고 이해할 수 있는 것은 미디어와 교육의 중요성이 동등하기 때문이다. 미디어의 의미가 도구적 성격에 머물지 않고 미디어에 대한 학습을 통해 '미디어 능력' 배양에 있다는 것을 강조하고자 함이었다. 특히, 광고활용교육은 광고의 창의적

(creative) 특성을 활용하여 교육기본법 1장에 나와 있는 '창의력 계발'과 '전인적 교육' 등 학교교육이 지향하고 있는 목표를 달성할 수 있을 것이다. 이것은 교수법과 학습법 등의 풍부한 개발로 이어져 피교육자로 하여금 적극적으로 미디어교육에 참여할 수 있는 계기를 제공하게 될 것이다.

광고활용교육이 미디어교육에 참여할 수 있는 것은 광고에서 얻은 지식, 경험, 정보, 문화 등을 생활, 일, 학문 등에 접목하는 이른바 '광고로부터(from)'라는 개념이 필요한 것이다. 이러한 부분은 다른 미디어에도 적용가능한 것이기는 하지만, 특히 광고에 있어서는 '광고로부터(from)'라는 개념이 더욱 강조되어야 할 것이다. 이는 광고가 조작이나 분석, 파악, 표현 등을 목적으로 하기보다는 광고에서 제공하는 메시지와 이미지를 수용자가 삶 속에서 수행하기를 기대하는 것이기 때문이며, 또한 광고를 생산하는 과정에서 반영되어 궁극적으로는 광고물에 내재되어 있는 다양한 분야의 정보, 학문, 산업, 방법론 등은 또 다른 차원의 용도를 가질 수 있기 때문이다. '광고로부터'는 두 가지로 구분할 수 있을 것이다. 하나는 광고의 외연에서 제시된 내용의 생활 적용이고, 다른 하나는 광고에 내포된 구조화된 지식의 활용이다. 예를 들면, 광고에서 생활의 양식, 유행, 단편적인 지식 등을 습득하거나 제품을 구입하는 것은 전자에 속하는 것이고, 광고의 아이디어 발상이나 카피의 전개 방법 등을 통해 논술에 적용하는 것은 후자에 속한다고 할 수 있다. 더 나아가 광고에 나타난 산업의 변화, 기업의 흥망 등을 파악하는 것도 이 범위에 든다고 할 수 있다.

광고활용교육은 사회적, 경제적, 문화적 도구로서 미디어교육에서 차지하는 비중이 매우 크다. 광고활용교육은 마케팅과 커뮤니케이션, 그리고 영상과 디자인 등 다양한 학문 분야와 학제적인 성격을 갖고 있다. 누구나 생활 속에서 쉽게 접할 수 있는 광고는 광고기획과 제작, 그리고 미디어 전략 등 다양한 차원에서 미디어 교육을 수행하기 좋다. 창의력과 기획력, 설득력, 미디어 능력 등 학교 교육에서 활용도는 매우 높다. 팀 프로젝트로 협동심과 자신감, 발표력을 높일 수 있는 행동지향 미디어교육(문혜성, 2004)이다. 광고의 폐해를 주장하는 입장에서는 매우 비판적으로 바라볼 수 있겠지만 광고의 정보제공 기능과 교육적 기능을 통한 사회화의 순기능을 한다는 것은 부인할 수 없는 현실이다. 광고는 해당 사회의 모든 산업 분야를 망라하고 있다. 뿐만 아니라 정치, 사회, 종교, 문화까지도 담겨 있다. 광고를 만드는 과정은 신문을 만드는 과정 못지않게 수많은 요인들이 관계되어 있다. 이렇게 보면 광고란 어떤 미디어보다 폭넓은 교육 교재라고 할 수 있다. 특히 창의력을 강조하는 요즘의 교육 경향을 고려해 보면, 창의력에 바탕을 둔 광고야말로 가장 적합한 교육의 장을 제공한다고 할 수 있을 것이다(이희복, 2006c).

6. 광고활용교육의 내용과 관련 분야

광고가 만들어지는 과정에서 회의와 아이디어 발상과정(ideation, brainstorming)을 거치고 검토와 결제과정(review & confirm)을 통한 시행착오로 완성되며 과정 중 기획력(planning)과 창의력(creative), 그리고 미디어 집행(media) 등이 핵심이 된다는 점에서 미디어교육이 수행해야 할 영역들을 담당하고 있다고 볼 수 있다. 또한 광고를 통해 경제를 이해하고, 올바른 광고 수용자 교육을 담당할 수 있기 때문에 교육 전 과정에서 통합적인 운영이 가능하다. 이 밖에도 카피와 비주얼 등 예술적 분야와 글쓰기와 영상훈련, 설득과정을 통한 발표능력(presentation)을 향상하여 궁극적인 다양한 미디어능력 향상에도 도움을 줄 수 있다. 광고심의와 관련하여 윤리적 관점의 비판과 광고의 역기능에 대한 소비자운동으로 스스로 성숙한 소비자, 또한 광고제작에 능동적으로 참여하여 궁극적으로는 유능한 예비 광고인으로 직업교육의 역할도 수행하고 직업탐색을 겸하여 사회 진출도 도울 수 있다(이희복, 2006c).

이렇듯 광고는 교육법에서 밝히고 있는 교육의 기본 목적을 실현하기 위한 좋은 교재임과 동시에, 다양한 분야에 적용되어 학습효과를 증대시킬 수 있다. 광고활용교육의 다양한 교육적 기능은 다음과 같이 정리해 볼 수 있다.

〈그림 Ⅱ-6〉 광고활용교육 관련 교육 분야

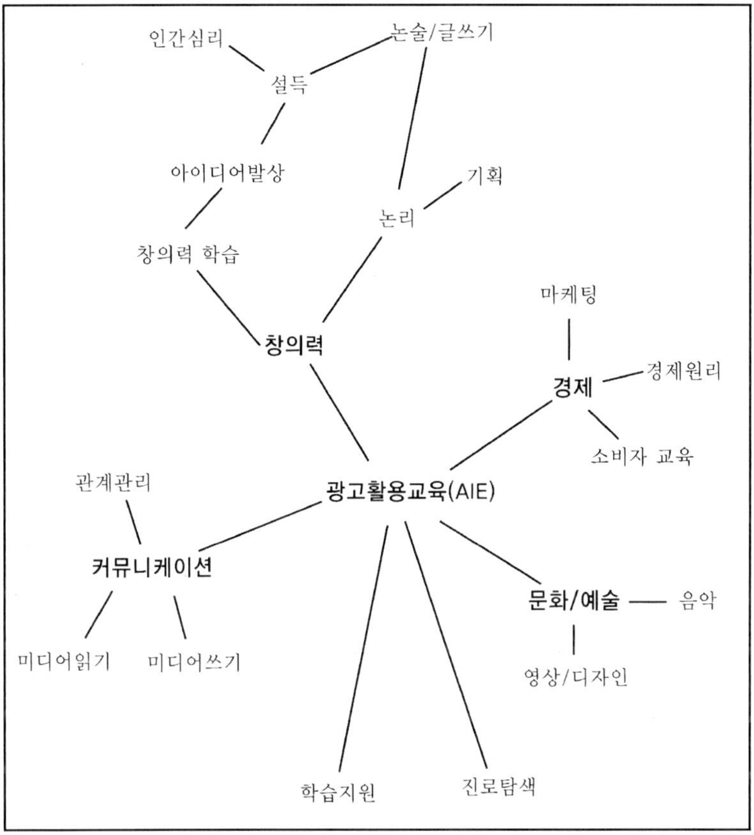

1) 창의성 교육으로서의 광고활용교육

설득커뮤니케이션으로 광고는 소비자에게 공명되기 위해서 필연적으로 크리에이티브로 불리는 창의성을 주된 내용으로 한다. 창의성 교육으로써 광고활용교육은 첫째, 학교 교육이 담당해야 할 창의적 인간 양성과 일맥상통할 뿐만 아니라 둘째, 교육과정에서의 피교육자의 자발적 참여를 유도할 창의성 있는 콘텐츠를 제공할 수 있다. 창의적 재량학습 등에서 활용도가 매우 높다. 따라서 광고활용교육은 학교 교육이 수행해야 할 핵심적 기능을 담당할 수 있는 유용한 교수법과 교육방법을 제공한다.

2) 지원적 학습으로서의 광고활용교육

각급 학교에 다양한 멀티미디어 시스템이 갖추어져 있으나 이의 활용은 일부 과목과 교사의 콘텐츠 개발 능력의 정도에 따라 제한적이다. 광고활용교육은 기존 시스템의 활용은 물론, 교육과정에 활용도가 높고, 학생들의 자발적 참여를 유도할 수 있는 학습의 지원(支援)적 성격이 매우 강하다. 이것은 기존 교과목의 이해와 학습과정에 광고를 활용하여 학습목표 달성이 가능하게 하는 도와주는 공부 – 협습(協習) 또는 보충해 주는 공부 – 보습(補習)적 성격을 갖는다.

3) 문화 · 예술 교육으로서의 광고활용교육

광고 안에는 다양한 문화와 예술적 요소들이 포함되어 있다. TV 광고 안에는 배경음악(Back Ground Music)과 영상 등이 있어 음악과 미술 등 예술교육에 활용할 수 있으며, 다양한 사례로 소개하여 수업 참여를 유도하기에 쉽다. 인쇄광고에서 사진은 구도와 화면을 공부할 수 있으며, 광고메시지인 카피를 통해서 작문과 구술, 논술 등의 학습으로 활용가치가 높다. 무엇보다도 새로운 제품의 등장은 학습자가 알아야 할 과학언어와 시사상식을 쉽게 이해할 수 있도록 돕는다. 문화적인 차원에서 대중문화의 개념을 공부하기에 좋은 사례로 제공될 수 있다.

4) 커뮤니케이션 능력 교육으로서의 광고활용교육

오늘날 현대인에게 요구되는 미디어를 활용 능력은 결국 커뮤니케이션 능력(communication competency)을 좌우하게 된다. 미디어에 대한 비판적 읽기(critic analysis)와 창의적 쓰기(creative creation)가 부족한 현 교육시스템 안에서 광고의 창의성과 설득성은 비판적 읽기와 창의적 쓰기의 실용적 교재가 된다. 읽기와 쓰기 능력이 중요함에도 불구하고 문자와 활자에 대한 관심과 능력이 부족한 학습자의 리터러시(literacy, 문식성)를 제공할 수 있다. 이것은 교육이 담당해야 할 전인적 인재양성의 기본적 역할 수행의 토대를 마련할 것이다.

5) 몰입 교육으로서의 광고활용교육

칙센트미하이(1999)는 '몰입(沒入)'에 대해 "삶이 고조되는 순간에 물 흐르듯 행동이 자연스럽게 이루어지는 느낌을 표현이며 적절한 대응을 요구하는 일련의 명확한 목표가 앞에 있을 때 몰입할

가능성이 높다. 고민하지 않고 참여할 수 있기 때문이며 목표에
초점을 맞출 수 있게 해 준다. 몰입활동이 또 하나 특징은 되먹임,
곧 피드백의 효과가 빨리 나타난다."라고 하였다. 광고는 교육현장
에서 교육자와 학습자가 겪게 되는 몰입의 어려움, 즉 집중력을
높여 줄 수 있다. 광고는 과제의 수준과 실력의 정도가 적절하게
만날 수 있는 학습 콘텐츠이므로 몰입할 수 있게 해 수업의 관여
도를 높여 준다. 공교육에서 다뤄야 할 다양한 교과목에 적절한
몰입의 기능을 광고활용교육이 담당할 수 있다.

Ⅲ. 광고활용교육의 현황

1. 교과서 광고관련 내용 연구

본 연구에서는 광고활용교육의 토대를 마련하기 위해서 크게 현황과 인식차원으로 구분하여 접근하였다. 이 장에서는 첫째, 광고활용교육의 현황차원에서 국내 교과서에 나타난 광고에 대한 내용 분석 연구를 소개하였고 둘째, 광고활용교육을 위한 출발점으로서 교사연수프로그램을 살펴보았다. 셋째, 학교 안에서 학생을 대상으로 한 광고활용교육은 어떻게 진행되고 있는지, 구체적인 사례들을 소개하였다. 넷째, 미국과 유럽 등 광고활용교육을 실시하는 나라들에 대한 내용을 소개하였고 마지막으로 학교에서의 광고활용교육의 현황에 대해 설문을 통해 얻은 결과를 분석하였다.

1) 교육인적자원부 발간 국정교과서 분석

광고가 교과서에 실려 화제가 된 적이 있었다. 지난 2002년 '넥타이와 청바지는 평등하다'라는 광고카피로 잘 알려진 이동통신회사의 TV광고가 고등학교 국어교과서에 실렸다. 전국국어교사모임이 출간한 고교 1학년을 위한 국어교과서 '우리말우리글'에 KTF 기업광고(제일기획 제작)의 사진 및 광고카피가 미디어 언어와 함께 소개되었다. '우리말우리글'은 교육현장의 국어교사 80여 명이 기존 국정교과서의 한계를 벗어나 창의성 향상을 위해 직접 만든 것으로, 교육개혁을 위한 한 가지 대안으로 제시돼 주목받은 교과서다. 광고가 실린 이 책의 7장에서 '넥타이는 청바지보다 우월하다, 회사는 일하는 곳이다'와 '넥타이와 청바지는 평등하다, 회사는 놀이터다'의 광고카피가 대비되어 비주얼(사진)과 함께 소개되었다. 교과서 안에서는 학생들에게 광고 속 두 사진이 주는 각각의 느낌에 대해서 말하고 그러한 이유를 찾아볼 것 그리고 기존의 광고카피를 사용해 새로운 사진이나 그림을 만들어 볼 것을 과제로 부여하였다. 이는 신세대들이 국어 수업에 흥미를 느끼면서 매체 언어에 대한 비판적 수용 능력을 얻을 수 있도록 구성되었다는 평가를 받았다(한겨레, 2002).

광고가 교과서에 실린 것이 화제가 될 정도로 교과서는 매우 엄격하고 정돈된 내용을 중심으로, 교육적 가치를 따져서 싣게 된다. 교육인적자원부의 의뢰를 받아 교육인적자원부에서 발간한 국정교과서의 국어 및 생활국어 영역 교과서 총 19권을 분석한 이희복(2007)의 보고는 다음과 같이 요약할 수 있다.

〈표 Ⅲ-1〉 분석 대상 국정교과서

학교구분	교과서 구분	
고등학교	국어	국어(상)
중학교	국어	3-1, 2-1, 1-1
	생활국어	3-1, 2-1, 1-1
초등학교	말하기	1-1, 2-1, 3-1, 4-1, 5-1, 6-1
	듣기	1-1, 2-1, 3-1, 4-1, 5-1, 6-1
	읽기	1-1, 2-1, 3-1, 4-1, 5-1, 6-1

다매체 디지털시대의 언어사용 환경 변화 및 사회 변화 속에서 언론정보 계열 중심으로 국어 교과 중심으로 살펴본 미래지향적 방향은 다양한 매체에 디지털 시대에 맞는 내용이 대폭 추가되어

야 한다는 점이다. 현실세계에서 초·중·고등학교 학생들이 접하게 되는 매체 속에서의 언어사용과 교과서에서의 부조화를 경험할 수 없게 되고 교실에서의 학습에 대한 몰입도 어려워진다. 굳이 미디어 리터러시(Media Literacy)와 같은 개념을 언급하지 않더라도 국어와 국어생활 관련 교과서 분석에서 '비판적 읽기와 창의적 쓰기'로서 리터러시가 보다 강조되어야 하며, 되도록 많은 사례가 소개되어야 할 것이다. 광고의 예를 들면 사례도 몇 건 되지 않지만, 부정적으로 그려 보호주의 일변도의 왜곡된 시각을 주입할 우려가 있다. 그러나 광고에는 설득과 창의라는 언어생활의 핵심적인 내용이 포함되어 있다. 때문에 광고활용교육(AIE)에 대한 연구가 최근에 늘어나고 있으며 각급 학교 교사들의 뜨거운 관심을 불러일으키고 있다. 교육기본법에 명시된 "창의적 인간과 전인적 인간교육"을 위해서, 디지털 시대의 바른 언어사용을 위해서 차기 개정판 편집과 발행 시 고려되어야 한다.

이 중에서 광고와 관련된 내용은 공익광고(대화편) 소개, 내가 읽은 책 광고 만들기, 간판과 맞춤법, 공익광고(독서장려), 예쁜 잡지이름 공모, 광고 비판적으로 읽기 등으로 소개되었다. 광고와 관련된 내용으로 분석된 사례는 다음과 같다.

(1) 분석사례 1: 고등학교 국어(상)

언론과 광고 분야의 사례 소개의 경우. 184쪽에 소개된 공익광고의 주제는 청소년문제로 대화의 필요성을 다루고 있지만 너무 오래된 광고물이어서 시의성이 떨어질 수 있다. 하지만 앞서 지적한 것처럼 추가적인 자료와 공익광고에 대한, 또 광고에 대한 소개를 추가하여 수업에 활용할 수 있도록 구성된다면 학습자의 관여를 높여 수업성취를 높일 수 있을 것이다. 나아가 "광고를 활용한 학습(Advertising In Education, AIE, 이희복, 2006)"의 적용가능성도 제안할 수 있다. 이미 국어교과를 중심으로 다수의 교사들이 모임과 개별연구를 통해 광고를 수업에 활용하고 있는데 이에 대한 교과차원의 구성은 부족한 형편이다. 보충학습에서 다룰 뿐 아니라 생각하기, 말하기, 글쓰기, 소통하기, 전달하기(presentation)에 이르기까지 광고의 다양한 국어생활 활용가능성에 대한 심도 있는 연구와 교과구성에 반영이 요구되는 시점이다. 고문과 명문을 소개하는 것도 중요하지만 설득력 있고 살아 있는, 현실의 글쓰기, 말하기를 통해 학습자의 흥미를 유발하도록 구성되어야 할 것이다.

(2) 분석사례 2: 중학교 국어 3-1

쉼터(268쪽)의 경우에도 고정관념의 문제를 지적하도록 구성되었는데, 발전적인 차원에서 고정관념의 문제를 지적하는 것으로 끝나는 것이 아니라 창의적인 발상의 전환을 소개하는 것이 한 걸음 더 나간 교육적 구성이 될 것 같다.

이런 맥락에서 부록 273쪽에 제시된 내가 읽은 책 광고하기는 매우 실제적인 매체의 글쓰기를 소개하고 있다. 광고 자체가 아닌 본인이 읽은 책 광고를 준비하게 함으로써 독서와 읽은 내용 정리 그리고 발상과 타인에게 설득하기 등 효과적인 국어생활을 다룰 수 있다. 다만, 좀 더 정교화된 발표 및 토의가 가능하도록 매체를 선정(신문이나 잡지 또는 TV)하도록 하거나 사례 광고를 제시하는 방법도 고려할 만하다.

(3) 분석사례 3: 중학교 생활국어 3-1

간판에 대하여. 맞춤법의 기능을 설명하면서 31쪽에 소개된 간판들의 잘못된 사례들이 제시되었는데, 맞춤법도 맞으면서, 시각적으로나 창의적인 구성으로 효과적인 성공사례도 함께 제시하면 보다 좋은 간판문화에 대한 이해를 돕게 될 것이다. 자칫 간판은 나쁜 것, 오류투성이로 고정관념을 제공할 수 있으며 간판 등 옥외광고의 순기능을 왜곡하여 인지할 가능성도 있다.

(4) 분석사례 4: 중학교 국어 2-1

58쪽에 소개된 목표학습 글 1 독서권장 공익광고의 경우, 글이라는 용어보다는 글의 성격에 맞춰 '광고' 또는 '광고문안'이라고 매체 또는 글의 내용을 지칭해야 옳을 것 같다. 물론 63쪽 표에서 '광고문(공익광고)'라고 적시하고 있지만 앞쪽 소개 시에도 글의 성격을 정확히 설명해 줘야 한다. 광고문안(카피)과 그림(비주얼)이 함께 제시된 광고를 교과서에 포함한 것은 광고읽기의 사례로, 학생들의 관여를 높일 수 있고 흥미를 제공하여 효과적인 학습 진행이 가능할 것으로 보인다. 읽기 수업뿐 아니라 듣기, 쓰기, 말하기, 국어지식 부문에서도 많이 활용되었으면 한다.

60쪽의 그림뉴스의 경우, 자칫 기존 흡연학생들에게 태도를 더욱 부정적으로 강화할 우려가 있다. 내용 또는 구성(그림자료, 그래프의 제시)을 바꿔서 글의 자료뿐만 아니라 헬스커뮤니케이션 차원에서 흡연문제를 고민할 수 있도록 설득적인 글이 제시문으로 포함되어야 할 것이다.

83쪽 광고대회 출품작의 경우 광고가 갖춰야 할 기본요소인 광고주가 명기되어 있지 않으며 시각 디자인 요소가 강조된 광고작품보다는 편집디자인의 형태를 띠고 있어 부적절한 사례이다. 이어지는 질문에서도 글쓴이는 제작자 또는 카피라이터로 수정해야 하며, 광고의 제목은 헤드라인으로 수정되어야 한다. 이렇듯 교과서에 사용되는 많은 광고관련 용어들이 잘못 사용되고 있어 정확한 용어의 사용과 그에 따른 용어의 정의 및 의미에 대한 소개가 필요하다.

(5) 분석사례 5: 중학교 생활국어 2-1

디지털시대의 국어사용에 대한 148쪽의 내용에 대해 문제점을 조사해 보는 활동은 문제점보다 장점과 단점 또는 매체별 특성에 따른 효과적인 국어사용에 대해 논의할 수 있도록 해야 한다. 요컨대 기존 매체와 콘텐츠들의 문제점을 지적하는 태도는 디지털시대의 수용자로서 국어교육에 보호주의를 조장할 우려가 있다. 실용적 글쓰기로서 153쪽에 소개된 예쁜 잡지 이름 공모의 경우와 같은 다양한 학생공모전이 현실세계에서 많이 생겨나고 있다. 현실에서는 이름 공모 또는 브랜드(네이밍) 공모라고 한다.

(6) 분석사례 6: 초등학교 국어 읽기 5-1

150쪽에 소개된 모녀의 여행광고에 대한 대화는 '광고는 믿을 수 없는 것'이라는 부정적인 태도를 형성할 수 있다. 비판적으로 읽기, 즉 분석을 정확하게 해야 한다는 점에서 숨어 있는 의미 찾

기로 좋은 예가 될 수 있지만 광고를 읽을 때 주의할 점(4번 질문)
이나 주의할 점을 생각하면서 주변의 광고를 알아보자(5번)와 같
은 질문 구성이 재고되어야 한다. 172쪽의 컴퓨터로 소통할 때 누
리꾼의 예절은 공익광고를 소개하여 설명하면 효과적일 것이다.

이상에서 살펴본 것같이 교과서와 학교교육, 즉 정규교육과정이
란 교육과정에서 학생들에게 어떠한 교육 목표를 가지고, 어떠한
교육 내용과 방법, 평가를 통하여 성취시킬 것인가를 정해 놓은
공통적·일반적 기준을 말한다. 이러한 교육과정 속에서 미디어의
활용은 교육 효과를 높일 뿐만 아니라 교육 수요자의 흥미유발 및
창의성 함양에도 지대한 영향을 차지함은 이미 여러 연구를 통해
밝혀져 왔다.

그러나 국내의 7차 교육과정 내에 포함된 국어교육에서의 미디
어교육은 주로 다양한 미디어가 담고 있는 정보를 파악하게 하거
나, 미디어의 종류 및 활용법 설명, 각 미디어가 지닌 의사소통의
특징을 정리하는 활동 정도에 머물고 있다. 미디어 언어에 대한
관심이 교과서를 통해 드러났다고는 하나 교과서에 사용된 미디어
언어의 양, 수준, 종류가 학교 급별로 뚜렷한 차이를 보이지 않는
다. 또 아직은 정보획득의 수단으로서의 성격이 강하고, 중학교 2
학년 1학기 2단원에서 광고 제작을 제안한 것 이외에는 학습활동
이 주어진 자료를 이해하는 수준에 머물러 있으며(김영순·이도환,
2003), 비단 국어교과뿐만 아니라 전 교과를 통해 소개되는 예가
드물고 광고가 등장하더라도 정보수집과 언어활동, 표현방법 및
효과파악 정도의 학습에 머물고 있는 실정이다. 이는 미디어교육
전반의 문제점으로 지적될 수 있는 부분으로 미디어교육이 현재까
지도 초기단계에 머물러 있다고 볼 수 있으며, 더불어 광고를 활

용한 교육이 실제 교육현장에서 충분히 활용되지 못하고 있음을 보여주고 있는 것이다. 이를 뒷받침하는 분석이 광고단체연합회와 이희복(2006)에 의해 보고되었다. '초·중·고등학교 교과서 광고관련 인식 조사결과'를 보면 이러한 내용이 잘 나타나 있다.

2) 초·중·고등학교 교과서 및 교사용 지도서 광고관련 내용

(1) 조사의 개요

본 조사는 국내 최초로 실시된 초·중·고등학교 교과용 도서의 광고에 대한 표현 조사로, 한국광고단체연합회에서 2004년 11월부터 12월까지 2개월간 실사 분석한 내용과 결과를 바탕으로 하고 있다. 연합회의 1차 분석결과는 상지대학교 이희복 교수에게 연구의 학문적 가치와 의의를 높이기 위해 재검증을 의뢰하였으며, 초·중·고등학교 전체 교과서에 나와 있는 광고관련 내용을 조사해봄으로써 향후 광고산업의 인식제고를 위한 다양한 활동의 기초자료를 마련하고자 하였다.

(2) 분석사례 소개

조사결과 교과서에 소개된 광고에 대한 표현의 사례를 중심으로 몇 가지 사례를 들어보면 허위·과장광고의 문제와 광고인에 대한 불신이 대표적이다. 이는 광고에 대한 비호감을 넘어 회의주의와 냉소주의를 주입할 우려가 있어 시정이 시급하다. 문제가 되는 사례는 다음과 같다.

> *"OOO표 다이어트가 살빼기 고민을 한 방에 풀어 드립니다. 12*
> *주 만에 백만 불짜리 몸으로 바꾸어 드리는 OOO표 다이어트"*
> *위의 글은 상품을 판매할 목적으로 쓰인 광고문이다. 소비자의*
> *관심을 끌고 상품의 특징을 잘 전달하기 위해서 짤막한 형식으로*
> *표현을 압축시켜 놓았다.*
> *[중학교 <생활국어> 1–2 6. 여러 가지 글 단원의 길잡이]*

위의 사례는 중학교 <생활국어> 교과서 '광고문쓰기'라는 소단
원의 '단원의 길잡이' 내용으로 사람들에게 부정적인 이미지를 주
는 허위·과장 광고문안을 잘 표현한 대표적인 광고문안으로 설명
하고 있다.

> *최근 공정 거래 위원회로부터 시정 명령을 받은 다음 광고 사*
> *례들을 읽고, 공정한 경쟁 질서를 유지하기 위한 정부의 역할에*
> *대해 탐구해 보자.*
> *[중학교 <사회 3> 고려출판사 Ⅲ. 시장 경제의 이해 3. 시장경*
> *제의 발전과제]*

위의 사례는 중학교 <사회 3> 교과서 '탐구활동', '소비자를 속이
는 과대광고'라는 내용으로, 주변에서 허위·과장광고를 찾아보고
광고가 미치는 영향에 대해 생각해 보게 함으로써, 광고의 순기능이
무시된 채 일방적으로 부정적인 역할만을 교육하고 있다.

> *"광고로부터 삶의 방법을 배운 학생은 배은망덕하기 십상이다."*
> *— 강준만의 '대중문화의 겉과 속'에서 —*
> *[고등학교 <독서> 교학사 p.322/ 한국교육미디어 p.46]*

'광고로부터 삶의 방법을 배운 학생은 배은망덕하다'는 글을 인용함으로써 광고에 대한 왜곡된 인식을 줄 수 있다.

> *(교과서) '광고표현의 문제점을 지적하여 알맞게 고쳐 쓰기'*
> *(교사용지도서) 과장광고 표현, 대중 현혹 표현의 문제점을 깨닫고 바른 표현으로 고쳐 발표하게 함으로써 참신한 아이디어를 공유하도록 한다.*
> *(교사용지도서 예시답안) 침대는 가구가 아닙니다. → 비상식적 표현*
> *[고등학교 <작문> 금성 Ⅵ. 설득을 위한 글쓰기 p.258 −260]*

위의 사례는 광고문안(카피)을 국어문법에 맞게 수정하는 교육으로 잘못된 예시이며 광고의 창의성을 무시한 잘못된 지도가 될 수 있다.

이 외에도 직업을 소개하면서 광고업자나 광고기능 도장사, 광고 대리인 등 현업과 거리가 먼 직업명으로 표현되는 경우도 볼 수 있었으며, '선전'이라는 부적절한 용어를 광고와 같은 의미로 사용하고 있다. 또한 경제, 사회 과목 등 '소비자의 권리'나 '청소년의 소비문화'를 설명하는 부분에서는 '광고에 속아', '광고에 현혹되어' 등 일방적인 표현이 자주 쓰이는 것을 볼 수 있다. 국어의 '광고문쓰기' 단원에서는 광고문안이라고 보기 어렵거나, 단순히 이미지와 문구를 끼워 맞춘 광고 사례를 삽입한 경우도 있었다.

(3) 조사결과 요약

광고에 대한 부정적인 인식과 관련하여 그 안에 표현된 광고에 대한 내용을 분석하고자 초·중·고 교과서와 교사용지도서 총 680

권의 내용을 살펴본 결과 다음과 같은 사실을 확인할 수 있었다.

○ 조사된 교과서 내용 중 체계적으로 구성, 광고의 개념이 잘 제시 또는 광고물이 적절하게 삽입되어 이해를 높인 경우는 5%에 불과했다. 14%는 광고를 왜곡하는 표현이나 부정적인 기능만을 부각시킴으로써, 청소년에게 광고에 대한 부정적인 인식을 줄 가능성이 제기되었다.

○ 초·중·고 교과서(350권)와 교사용 지도서(330권) 680권 중 조사된 광고관련 내용은 총 500건으로 1권의 교과서에 0.73건의 광고관련 내용이 포함된 것으로 나타났다. 구체적 내용은 첫째, 단순한 용어로 사용된 경우가 35%로 가장 많았으며, 둘째, 광고사례를 인용한 경우가 24%, 광고 개념이 언급된 경우가 20%, 그 밖에 광고관련 용어나 단순하게 탐구활동으로 제시된 경우가 20%였다. 전체 건수에서 고등학교 교과용 도서에 소개된 내용이 369건으로 전체의 74%를 차지하여 상급학교에서 광고에 대해 보다 많은 내용을 교육하고 있음을 알 수 있었다.

○ 국어(작문, 화법, 문학, 문법, 국어생활, 독서) 과목에서는 '비판하며 글 읽기' 단원에서 대표적인 허위·과장광고 문안을 사례로 소개하였다. 뿐만 아니라 허위·과장광고 문안을 직접 제작하여 보여주고 이를 비판하는 등 광고에 부정적인 이미지를 주는 경우가 많은 것으로 나타났다.

○ 사회, 경제(생활경제, 사회문화 등)에서는 '소비자의 권리', '소비문화'와 관련하여 허위·과장광고에 대한 언급이 있었다. 소비욕구를 일으켜 충동구매를 일으키므로 광고를 비판적으로 받아들일 것을 소개하고 있다.

○ 광고언어와 관련하여 광고카피를 국어문법에 맞게 수정하여 제시하는 등 '광고의 창의성'에 반하는 내용이 제시되었다. 광고가 정보제공과 설득을 전제한 마케팅 커뮤니케이션임을 고려할 때, 광고와 국문법 사이의 균형 잡힌 시각이 제기되었다.

○ 330권의 교사용 지도서에서 교과서와 내용이 중복되는 부분을 제외하고 지도방안과 참고자료를 위주로 살펴보았다. 국어, 기술가정, 미술 과목에서 지도방안이 제시되었으나 체계적으로 여러 사례를 소개한 경우는 국어 과목에 한정되었다. 사회 과목이나 기술가정 과목은 구체적으로 제시되어 있지 않고 모호하게 표현되었다. 미술 과목은 평가방법이나 광고의 개념이 짧게 언급되어 수업에 활용하기에는 부족했다.

○ 참고자료나 추천 사이트에 있어서도 한국방송광고공사, 광고정보센터, 광고포탈사이트 등 광고관련 전문사이트를 추천하고 있다. 그러나 광고를 바라보는 방법을 가르치는 주제에서는 부적절한 사이트의 주장을 통해 좋은 광고와 나쁜 광고를 찾아낼 수 있다는 식의 지도방안을 제시하여 균형감이 없었음을 알 수 있었다.

(4) 개선 방향

앞에서 언급된 바와 같이 광고에 대한 왜곡되고 부정적인 인식들은 광고계가 장기적인 노력을 통해 개선해야 할 문제들이다. 이는 광고인들 스스로의 자정 노력도 필요하겠지만, 다양한 방법을 통해 일반인 및 소비자들의 광고에 대한 긍정적 인식 제고를 위한 적극적인 노력이 필요하다. 이에 광고 인식 제고를 위해 그동안 시도되었거나 향후 추진이 필요하다고 생각되는 몇 가지 방안들을 다음과 같이 제안하고 있다.

① 초·중·고등학교 교과서 광고관련 내용 개선

광고에 대한 잘못된 묘사는 학생들에게 평생을 광고 비판자로 만들 수 있다. 교육은 창의적인 인간, 전인적 인간을 육성하는 것을 목표로 한다. 광고는 이런 맥락에서 창의성과 학제적 공부를 하는 데 도움을 줄 수 있다. 업계는 물론, 학계와 광고단체들은 우선 문제가 있는 초·중·고등학교 교과서 광고관련 내용의 시정을 관계 당국에 지속적으로 건의하여야 한다. 광고에 대한 광고계의 목소리보다는 올바른 평가와 균형 잡힌 시각을 제공할 수 있도록, 중립적인 입장에서 교육적 측면을 제시해 주어야 한다.

② 일반인에 대한 광고교육 기회 확대

업계와 학계는 소비자 및 시민단체, 어린이 및 청소년, 교사 등을 대상으로 한 교육 기회의 확대가 필요하다. 광고에 대한 관심을 교실 안으로 도입하여 다양한 특별활동 수업과 창의적 재량수업 등에 광고가 활용될 수 있도록 하여야 한다. 이를 위해 광고업계와 학계는 산학 연계프로그램으로서 "광고를 활용한 교육(AIE: Advertising In Education)"을 통해 적극적으로 일반인에 대한 올바른 교육을 실시하여야 한다. 광고에 대한 인식을 학교로부터 시작하여 전 국민으로 확대하는 이미지 개선 프로젝트의 실행이 요구된다.

그 사례로 한국광고단체연합회에서는 2005년 8월 '광고제작을 활용한 교수 학습법'이라는 주제하에 초·중·고등학교 교사 80명을 대상으로 직무연수(서울특별시교육청 지정)교육을 실시하였다.

1, 2기에 걸쳐 진행된 총 5일간의 연수과정에는, 3일간의 집합교육과 1박 2일의 워크숍을 통해 집중적인 교육을 실시하였다. 현업광고인 및 광고전공 교수들의 강의를 통해 교사들은 광고 전반에 대해 조금 더 심도 깊게 이해할 수 있었고, 실제로 광고를 일선교육에서 활용하고 있는 교사들의 수업사례 또한 접할 수 있는 기회였다. 교사들의 반응 또한 매우 호의적이었다.

현재 우리나라에서는 교사들을 대상으로 진행되는 많은 분야의 연수과정이 있지만, 한국광고단체연합회가 주관하는 본 연수는 교사를 대상으로 실시하는 최초의 광고연수 프로그램이라는 데 의의가 있다. 또한 이번 조사결과를 바탕으로, 한국광고단체연합회에서는 2005년 12월 광고교육 지도용 보조교재 「광고길라잡이: 창의력을 키우는 광고수업」를 발간하여 일선 교사들에게 배포하였다. 광고활용교육(AIE)은 아직 세계 어느 나라에서도 본격적으로 논의된 바가 없다는 점에서, 우리나라 광고시장의 위상을 세계에서 드높이는 기회가 될 것이다.

③ 광고회사를 비롯한 광고업계 참여의 필요

위상을 높이기 위해 무엇을 하여야 하는가의 문제는, 이러한 과제의 중심축에서 선도하여야 할 광고관련 단체로 광고업계의 결속된 힘이 모아져야 한다는 데로 귀결된다. 예를 들어 광고계를 대표하는 광고관련 단체의 국가보조가 매년 줄어들고 있다. 이건 우리 광고업계 전체가 나서서 목소리를 높여야 하는 주제이다. 그동안 광고현장의 광고인들이 광고관련 협회나 단체의 사업에 힘을 모아 주지 못한 점을 인정하여야 한다. 광고업계의 위상을 높이고, 광고에 대해 긍정적인 사회 분위기를 조성해 나가는 일은, 광고계를 대표하는 협회나 기관에 대한 광고현장 광고인의 지원과 결속에서 나온다(이승헌, 2005).

이와 같은 사례로 미국의 광고교육기금(Advertising Educational Foundation: AEF, www.aef.com)을 참고할 만하다. 비영리기구로서 광고회사와 광고주, 광고매체사 등의 출연으로 공익자금을 마련, 사회·경제적 필수요소로서 광고가 수행하는 기능을 널리 알릴 수 있어야 한다. 이렇게 할 때, 발전적이고 지속가능한 광고에 대한 사회의 인식 제고가 가능할 것이다(이희복, 2006).

앞서 언급한 교원연수과정은 2005년 방송발전기금의 지원을 받아 실시되었으나, 2006년과 2007년에는 방송발전에 영향을 미치지 않는다는 이유로 수혜대상에서 제외되어, 지속여부가 불투명한 실정이다. 광고에 대한 인식을 학교로부터 시작하여 전 국민으로 확대하는 이미지 개선을 위해서, 주요 광고회사, 광고주, 광고 매체사 등을 포함한 광고산업 전체의 뜻이 모아져야 한다.

2. 광고활용교육을 위한 교사교육

광고활용교육을 위한 교사 교육에 대한 관심과 관련 사업의 두드러진 주체로는 광고단체연합회가 유일하다. 광고단체연합회는 공익자금이 방송발전기금으로 바뀐 2005년 이래 재원의 어려움 속에서 광고활용교육을 위한 교사 교육에 크게 두 가지 접근을 시도하고 있다. 첫째는 하계방학을 활용한 연수과정으로 이는 서울시 교육청의 인가를 받은 정식 교원연수과정이며 2007년 여름까지 3회째 시행하고 있다. 둘째로는 광고활용교육 참여 교사를 위한 교재발간과 웹사이트 운영이다. 이는 콘텐츠로서, 아카이브로서 광고를 활용하여 교육하도록 지원하는 형태로 400여 명의 교사에게 <광고길라잡이> 교재를 배포하였으며 인터넷[2])에서 광고연수 교사를 중심으로 '바른 광고교육을 위한 교사 모임' 홈페이지를 운영, 정보제공과 의견교환의 장으로 제공하고 있다.

1) 한국광고단체연합회 교사연수프로그램

국내에서 광고활용교육을 위한 교사 교육이 전무한 가운데, '광고제작을 활용한 교수 학습법'이라는 주제하에 한국광고단체연합회가 2005년과 2006년, 2007년 하계방학을 이용하여 국내 최초의 교사 대상 광고 연수 프로그램을 개최하였다. 그동안 교사들을 대

---

2) www.adic.co.kr/edu/aie/

상으로 진행되는 많은 분야의 연수과정이 있지만, 한국광고단체연합회가 주관한 이 프로그램은 교사대상으로 개최되는 최초의 광고연수프로그램이라는 의의를 가진다. 이 프로그램은 초·중·고등학교의 교사를 대상으로 하였으며, 교육일선에서 광고에 대해 가르치거나, 광고를 활용한 학습을 시도하는 교사에게 과학적이고 실질적인 지도방향을 제시하는 한편, 학생들의 창의성 개발 프로그램에 광고를 활용할 수 있는 방법을 소개하였다.

2007년 3차 '광고제작을 활용한 교수학습법'은 30시간의 직무연수로 전문성 향상과정(교과지도, 생활지도, 교육정책시책) 성격의 연수과정으로 한국광고단체연합회가 주관하여 '제1기: 광고 제작을 활용한 교수학습법 기본과정', '제2기: 광고 제작을 활용한 교수학습법 심화과정'으로 구분하여 잠실 소재 한국광고문화회관 7층 소회의실과 한국방송광고공사 남한강연수원에서 강의와 워크숍으로 진행되었다. 40명씩 2기 총 80명의 교사가 각각 5일간(1박 2일 워크숍 포함) 연수가 진행되었다. 이 연수의 목적은 광고에 대한 이해와 활용이라 할 수 있는데 구체적으로는 교수법과 교육법 등 광고를 다시 보고 교육과 접목시킬 수 있는 방법론 등에 중점을 두었다. 이 프로그램의 세부목표는 다음과 같다.

○ 학교 교육과 광고를 접목해 개발한 창의성 향상 신교수법 소개
○ 광고에 대한 실질적 이해를 바탕으로 건전한 소비문화를 이끌 수 있는 교수법 전달
○ 올바른 광고 보기 교육법 전달
○ TV, 신문, 잡지, 인터넷, DMB 등 각종 미디어의 운영에 관한 프로세스 소개
○ 전문 직종으로 인정받고 있는 광고 분야의 진로전망 및 진학지도법 소개

○ 건전한 광고 문화 윤리 의식 함양

특히 이 연수는 이론과 실제를 경험하기 위해 강의와 워크숍이 함께 구성되어, 기본과정과 심화과정으로 개설되었으며 이는 광고 제작을 활용한 교육에 관심이 있는 교사들의 계속참여를 유도하기 위해 2007년에 새롭게 기획된 것이었다.

○ 제1기 기본과정: 광고에 대한 전반적 이해와 수업활용사례를 배우는 교육과정으로, 2005년~2006년 개설되었던 '광고 제작을 활용한 교수학습법' 연수 과정과 동일
○ 제2기 심화과정: 광고기획 및 제작에 대한 실습과 광고를 활용한 다양한 교수학습법사례를 경험해 보는 교육과정

각 기별 과목과 연수 내용은 <표 Ⅲ-2>, <표 Ⅲ-3>과 같다.

〈표 Ⅲ-2〉 광고 제작을 활용한 교수학습법 기본과정

과목명	연수 내용	강사명
광고의 이해와 활용	광고의 기능과 역할 광고의 종류 직업으로서의 광고 광고에 대한 올바른 사고와 판단	이희복
생활에서 발견하는 광고와 마케팅	광고가 소비자와 사회에 미치는 영향 광고 및 마케팅 캠페인 사례 문화, 스타, 체험, 감성마케팅 등	김재영
광고기획자가 말하는 전략적사고	전략적 사고의 중요성 광고기획과 전략적 사고 광고기획 실습을 통한 전략적 사고 함양	신강균
광고가 만들어지기까지	인쇄광고 TV-CM 제작과정 설명 실제 사례를 통해 간접적인 경험 광고제작과 관련된 지식 제공	차유철

과목명	연수 내용	강사명
효과적인 창의성 개발	아이디어 발상법의 중요성 창의적인 접근법 사례 발표 아이디어 발상 훈련의 효과적인 전달 광고 크리에이티브 과정과 효과	최윤식
광고문안 연구	창의력이 뛰어난 국내외 광고 사례 등 카피라이팅 프로세스 카피 발상과 창의력	조문형
광고 바로보기	올바른 광고보기 교육법 광고 산업과 경제 이해 직업으로서의 광고인	김동현
광고제작을 활용한 교수학습법	기호학적 교수 학습 프로그램 광고 네러티브를 응용한 창의성 함양 교육법 광고를 이용한 미디어 이해 미디어 재생산 교수 학습 방법론	김영순
광고 활용 수업 사례 1	광고 활용 현장 수업 기법 광고 활용한 교육의 가능성 교육현장에 도입 가능한 광고활용수업 아이디어 광고제작을 활용한 교수 학습법	이영발
광고 활용 수업 사례 2	광고 활용 현장 수업 기법 광고 활용한 교육의 가능성 교육현장에 도입 가능한 광고활용 수업 아이디어 광고제작을 활용한 교수 학습법	김언동

<표 Ⅲ-3> 광고 제작을 활용한 교수학습법 심화과정

과목명	연수 내용	강사명
광고를 활용한 교수 학습법	'광고길라잡이' 지도서 활용법 광고를 활용한 교수 학습법 교육현장에서 도입 가능한 광고활용 지도안 제시	김영순
창의적인 아이디어 발상법 실습	아디이어 발상법 및 사례 소개 창의적인 광고 아이디어 소개 청소년의 창의적 사고 향상법 및 지도안 제시	김병희

과목명	연수 내용	강사명
광고기획 실습	광고기획과정 경험 실제 제품의 광고기획서 작성 실습	조용석
광고제작 실습	인쇄광고 제작과정 경험 방송광고 제작과정 경험 실제제품의 광고 시안 제작 실습 아이디어 발표 및 평가	정상수
광고미디어 도구활용 실습 (ICT)	디지털 카메라 사용법 디지털 캠코더 사용법 디지털 도구를 활용한 수업 적용	배원석
광고활용 수업 사례 1	초등 교육에서의 광고활용 수업 사례 창의적 재량활동, 특기적성 수업 활용 사례 교육현장에 도입가능한 광고 활용 수업 아이디어	신영임
광고활용 수업 사례 2	미디어 관련 과목에서의 광고활용 수업 사례 창의적 재량활동, 특기적성, CA 수업 활용 사례 교육현장에 도입 가능한 광고 활용 수업 아이디어	강정훈
광고활용 수업 사례 3	중등 과목에서의 광고활용 수업 사례 교육현장에 도입 가능한 광고 활용 수업 아이 디어	이영발
광고를 활용한 교수학습법 실습 1	조별(개인) 프로젝트 수행 담당과목 및 주제별 수업활용 아이디어 개발 교수학습법 설계 및 실습	김영순
광고를 활용한 교수학습법 실습 2	조별(개인) 프로젝트 수행 담당과목 및 주제별 수업활용 아이디어 개발 교수학습법 설계 및 실습	김언동

2007 광고교원연수 참가자 현황을 살펴보면 1기 기본과정 참석자 40명 중 여성 35명, 남성 5명으로 여성이 많았으며 학교별로는 초등학교 17명, 중학교 13명, 고등학교 10명으로 초등학교가 많았다. 지역별 분포는 서울이 24명, 경기가 11명, 인천 2명, 충남과 대구, 경남이 각각 1명으로 서울과 경기가 다수를 차지했다. 담당교

과별로는 초등 17명, 국어 7명, 컴퓨터 3명, 상업정보 2명, 기술가정 2명, 도덕 2명, 경영대요, 광고일반, 중국어, 특수교육, 과학, 가정과학이 각각 1명이었는데 초등학교의 경우 개별교과로 구분되지 않은 것을 제외하면 국어교사의 참여가 두드러진 것으로 나타났다.

2기 심화과정의 경우, 여성이 32명, 남성이 8명으로 여성이 많았으며, 학교별로는 초등학교 15명, 중학교 13명, 고등학교 11명 순으로 역시 초등학교가 많았다. 지역별 분포에 있어서도 서울 21명, 경기 11명, 인천 5명, 경남 2명, 부산 1명으로 서울과 경기가 다수를 구성하였다. 담당 교과별로 살펴보면 초등 12명, 사회 7명, 국어 6명, 상업 4명, 가정 4명, 경제 2명, 미술 2명, 국사, 도덕, 과학이 각 1명씩이었다. 초등학교를 제외하면 사회와 국어교사가 많은 것을 알 수 있었다.

국내에서 광고활용교육을 위한 교사 교육이 전무한 가운데, '광고제작을 활용한 교수 학습법'이라는 주제하에 한국광고단체연합회가 하계방학을 이용하여 개최한 이 프로그램은 초·중·고등학교의 교사를 대상으로 하였으며, 교육일선에서 광고에 대해 가르치거나, 광고를 활용한 학습을 시도하는 교사에게 과학적이고 실질적인 지도방향을 제시하는 한편, 학생들의 창의성 개발 프로그램에 광고를 활용할 수 있는 방법을 소개하고 있다.

2) 〈광고길라잡이〉 발간

2006년 한국광고단체연합회는 초·중·고 교사용 광고교재를 제작하였다. '광고길라잡이: 창의력을 키우는 광고수업'이라는 제목으로 제작된 광고교재는 '광고에 대한 교육'과 '광고를 통한 교육'을 수행하는 데 기여하고자 하였으며, 광고를 활용한 학습을 시도하는 교사에게 좀 더 과학적이고 실질적인 지도방향을 제시하는 한편, 수업시간에 필요로 하는 자료 및 실제 사례를 제공하였다. 어린이 및 청소년은 광고를 통해 상품의 정보를 취득하고, 광고를 통해 필요한 물건과 필요하지 않은 물건을 경험적으로 알게 된다. 한국광고단체연합회는 광고교재 제작, 배포를 통해서 광고가 어린이 및 청소년의 사회화 과정 중 중요한 교육요소로 인식되고, 유년기 및 청소년기부터 광고에 대한 올바른 이해를 갖도록 하는 데 도움이 될 것으로 기대하였다. 광고교재는 멀티미디어 강의가 가능하도록 제작된 CD와 이론적인 부분을 추가한 책자로 제작하여 배포되었다.

　<광고길라잡이>는 '광고의 이해', '광고와 마케팅', '광고와 소비자 행동', '광고 계획', '광고 제작', '광고 매체' 그리고 '광고 윤리와 사회적 책임' 등 총 7개의 대단원과 16개의 소단원으로 구성되었다. 각 단원마다 학생들이 발표 또는 실기제작을 통해 광고에 대해 친근감과 창의력을 가질 수 있도록 하였으며, 이론 설명을 통해 광고에 대한 깊은 이해도 도모하였다. 또한 교사들을 위해 평가기준을 마련하여 일관적인 방향성을 지니고 학생들을 지도할 수 있도록 하였다. 소단원별 수업자료(광고물, 읽을거리, 광고기획 양식 등)도 CD로 제공되었다. 서울특별시 내 1,000여 개 초·중·고등학교로 배포되었으며, 멀티미디어 강의자료는 광고정보센터 광고강좌 홈페이지에서 제공되었다.

　이 밖에도 '바른 광고교육 교사모임' 웹 페이지[3)]에서는 광고활

---

3) www.adic.co.kr/edu/aie

용교육을 실천할 수 있도록 수업자료실과 자유토론방, 광고길라잡이 사이버 강의 등을 개설하였다. 다양한 광고활용교육의 자료와 의견을 교환할 수 있는 사이버 공간을 제공하기도 하였다. 이는 광고활용교육을 시도하는 교사에게 과학적이고 실질적인 지도방향을 제시하는 한편, 학생들의 창의성 개발 프로그램에 광고를 활용할 수 있는 방법을 소개하는 방법론을 제공하는 것을 목적으로 하였다. 아울러 커뮤니티 공간을 통해 관련 교사들의 인적 네트워크 교류 및 광고활용교육을 위한 학습자료를 공유하고자 만들어졌다.

서울여자상업고등학교 교사이자 <광고일반> 교과서의 집필위원으로 참여했던 조병중 교사는 강의를 통해 수업현장에 광고를 활용할 수 있는 여러 사례들을 소개하였다. 그는 "자기 자신이 가장 중요한 광고매체"라며 AIDMA 원리를 시각적으로 이해시키는 데 있어서 재미있는 음악과 율동을 선보였다. 연수를 통해 따로 떨어져 있던 학교교육(초·중·고)과 광고교육이 접목이 되어 광고산업에 기여가 된 점에 대해서 기쁘게 생각하며 "지금까지는 광고계에서 대학생 위주로 광고계 인재를 선발했지만, 앞으로는 연수의 횟수가 늘어감에 따라 초·중·고 학생들 크리에이티브를 좀 더 업계에 접목시킬 수 있기를 바란다."라고 했다. '일일가게 광고 계획서', '소비자 일기쓰기', '책 광고 만들기' 등 실질적인 사례를 소개하며 강의를 진행한 김언동 교사(대구 서부고등학교 국어과)는 "광고를 이용한 수업은 자발적 참여를 높이기에 좋고, 학습과정도 자율적이고 독창적인 분위기에서 이루어질 가능성이 높다."라며 우선적으로 교사의 개방적이고 열린 사고방식의 중요성을 강조하기도 했다.

3. 학생대상 광고활용교육

1) 광고와 미디어 교육[4)]

넓은 의미로 교육의 목표는 인간됨을 구현하는 것, 창의적, 도덕적, 사회적 인간상 정립이다. 이런 의미에서 광고는 대단히 훌륭한 교육 자료임에 틀림없다. 그 이유는 이렇다. 한 편의 광고 속에는 창의적 활동 및 사회적 활동이 포함되어 있으며, 적어도 참여자들의 윤리적 고민이 깃들어 있기 때문이다.

(1) 광고의 교육적인 요소

넓은 의미로 교육의 목표는 인간됨을 구현하는 것, 창의적, 도덕적, 사회적 인간상 정립이 바로 그것이다. 이런 의미에서 광고는 대단히 훌륭한 교육 자료임에 틀림없다. '자본주의의 꽃'이라고 할 수 있는 광고가 어떻게 교육의 자료가 된단 말인가'라는 의문을 제기할 수도 있다. 물론 보호주의론자들은 당연히 광고는 교육과 거리가 먼 것으로 치부한다. 과연 그럴까? 광고 제작의 목적이 소비와 이윤 증대에 있다고 하더라도 한 편의 광고에 들이는 시간, 창의적인 사고와 전략, 팀워크, 이것만으로도 만족스런 교육적 대상이 될 수 있다. 그 이유는 이렇다. 한 편의 광고 속에는 창의적

---

4) "학교로 간 광고, 광고 읽기를 통한 인간성 회복(김영순, 광고계동향 2004년 8월호)"을 참고하였음.

활동 및 사회적 활동이 포함되어 있으며, 적어도 참여자들의 윤리적 고민이 깃들어 있기 때문이다.

뿐만 아니라 광고는 잘 짜인 텍스트이기 때문에 교육적 가치가 충분하다. 또한 7차 교육과정에 광고 교과서가 개발되었고, 중학교의 특정 교과, 예를 들어 국어, 사회 교과에 광고가 학습의 대상으로 부각되었다. 이제 광고가 학교에 들어왔다. 도대체 광고 속에서 어떤 교육적 가치를 발견할 수 있을까?

첫째, 공시적인 언어사용 양상이 담겨 있다. 분명히 광고는 당대의 사회와 문화를 상징적으로 표현해 내며, 인쇄광고는 물론 동영상 TV광고에 이르기까지 각양각색의 기호체계를 이용하는 것이다. 따라서 광고를 통해 사회와 문화를 나타내는 언어의 변용 방식을 탐구할 수 있다. 이것은 국어 교과의 표현 교육 범주에서 중요한 과제행위이다.

둘째, 설득 기제와 원리들이 포함되어 있다. 광고는 궁극적으로 소비자를 설득하여 상품을 구매하게 만드는 것이다. 공익광고나 이미지 광고도 설득이라는 목표에서는 동일하다. 그러므로 광고 행위에서 가장 중요한 점은 바로 설득기제이다. 어떤 기제를 통해 설득하고자 하는가, 특히 국어 교과 활동에서는 어떤 설득 원리를 바탕으로 광고가 이루어지며, 수신자의 어떤 반응을 예상하며 이루어지고 있는가를 분석하게끔 한다.

셋째, 쓰기 전략과 읽기 전략을 통해 표현 능력을 배양할 수 있다. 자신의 입장에서 말하고 쓰고 할 수 있는 능력을 갖추는 일이야말로 무엇보다도 중요할 것이다. 광고의 기본 전략을 파악하는 능력을 기르고 그것을 원용한 표현 능력을 길러 주기 위해 광고 텍스트 읽기 및 쓰기 전략은 중요한 위상을 지닌다.

(2) 교과서에 자리잡은 '광고 학습' 내용

학교로 간 광고, 그렇다면 어떤 방식으로 교육에 기여할까? 새로운 7차 교육과정을 위해 제작된 국어교과서에는 다음과 같은 광고의 학습 내용들을 발견할 수 있다.

〈표 Ⅲ-4〉 국어 교과 교육과정에서의 광고활용 실태

학년	대단원	소단원	활동 내용
중학교 생활국어 1-1	3.정보 수집하기	(1)정보 수집 방법	광고문에서 정보 찾기(59쪽)
중학교 생활국어 1-2	3.판단하여 듣기	(2)내용 판단 하여 듣기	광고, 정보의 정확성과 신뢰성 판단(59쪽)
중학교 국어 2-1	6.여러 가지 글	(2)광고문과 안내문	허위광고, 과장광고 찾기(11~12), 광고문 만들기
	2.어떻게 읽을까	(1)읽기란 무엇인가	광고의 내용과 목적 파악, 효과적 표현 찾기(58쪽), 보충 심화, 광고에 드러난 주제와 제목, 유추 광고만들기(83쪽)
고등학교 국어(하)	2.정보의 조직과 활용	(1)다매체 시대의 언어활동	텔레비전 광고보기, 텔레비전 광고를 통해 얻을 수 있는 정보 찾기, 광고의 표현방법과 효과 파악하기

특별히 주목할 단원은 고등학교 국어 (하)의 2와 '정보의 조직과 활용'의 첫 번째 소단원인 '다매체 시대의 언어활동'이다. 이 단원에서는 '다양한 미디어 언어의 특성 이해'와 '다양한 미디어가 전달하는 정보의 재조직'을 목표로 인쇄, 방송, 인터넷으로 미디어 언어를 분류하여 그 대표 격인 만화와 신문, 텔레비전 광고, 인터

넷 자료를 제시하였다.

　미디어만을 다룬 이 단원의 설정이 갖는 의의는 크다. 이 단원은 다중 미디어 시대인 오늘날 국어 교육의 대상이 다양한 미디어 언어에까지 확대되고 있음과, 미디어 언어 교육의 내용과 방법을 하나의 예시로써 알려 주고 있다. 위에서 살펴본 국내의 미디어 언어교육(국어교육적 측면)에 있어서 광고 텍스트가 차지하는 위상은 대체로 미흡한 편이다. 중학교 6년 과정에 있어서 5개 대단원에서만 광고 텍스트가 수업에 활용되는 미디어로 소개되어 있기 때문이다. 그러나 최근 들어 전국국어교사 모임에서 편찬된 대안 교과서 <우리말 우리글>에서는 미디어에 관한 보다 체계적인 내용들을 접할 수 있었다.

〈표 Ⅲ-5〉 대안교과서 〈우리말 우리글〉 단원의 미디어 관련 내용

학년	대단원	소단원	활동 내용
중학교 1학년을 위한 <우리말 우리글>	7.텔레비전 광고	(1)텔레비전광고 만들기	광고의 기능 읽기 광고 읽기의 실제 읽기 TV광고 만들기
고등학생을 위한 우리말 우리글	7.이미지 세상	(2)광고 이미지 읽기	영상광고 이미지 읽기
		(2)영상광고 속 여성 이미지 읽기	영상광고 속 여성 이미지 비교하기

　이와 같이 광고는 교과서 속에서 비교적 높은 비율을 차지하고 있지 않지만 교실 안에서는 교육의 자료로 충분히 활용되고 있다. 특히 의식 있는 교사들은 광고텍스트를 활용하여 특정 학습주제에 대해 나름대로의 학습지도안을 작성, 수업에 적용하고 있다. 뿐만 아니라 미디어교육적 측면에서 광고의 비판적 읽기를 시도하였다.

이를 통해 학생들의 비판적 사고력 신장 및 윤리적 불감증을 경고하였다.

(3) 광고 교수방법론

광고를 어떻게 가르쳐야 재미있는 수업이 될까? 이에 대해 김영순 교수는 고등학교 국어(하) 단원 2의 1절 '다매체 시대의 언어활동'을 예로 들어 다음과 같은 교수학습활동을 소개한다.

〈표 Ⅲ-6〉 '다매체 시대의 언어활동'에 대한 교수 학습 활동

교사는 담당교과의 해당 단원의 학습주제, 학습개요를 설정하고 이에 따른 학습목표, 활동 수준, 적용모형, 학습준비물, 학습환경 등 교수·학습 과정의 개요를 다음과 같이 마련한다. 위에 제시한 학습목표를 달성하기 위해 교사는 수업 전에 사전 준비를 해야 하는데 이것을 정리하면 다음과 같다.

· 학습활동이 잘 이루어지도록 모둠을 미리 구성한다.
· 교단선진화 기기(인터넷, 파워포인트 등)를 조작할 수 있어야 한다.
· 교수·학습 활동 자료(광고 동영상, 과제해결 자료 등)를 준비한다.
· 단원과 관련된 내용을 바탕으로 설문조사를 통하여 학생들의 관심도를 사전에 조사한다.

아울러 교사는 효과적인 수업을 위해 학습자들에게 다음과 같은 사전 준비 사항을 일러 준다.

· 해당 주제의 자료를 미리 생각해 온다.
· 모둠별로 부여된 과제를 효과적으로 해결할 수 있는 방법을 논의한다.
· 인터넷 등 매체를 통해서 주제 관련 내용들을 조사한다.
· 각 모둠원들의 역할을 분담하여 발표 자료를 만든다.

교수·학습활동 시 가장 중요한 단계는 도입-전개-정리 및 발전 학습 단계로 구분할 수 있다. 먼저 도입단계에서 루벤스의 〈노인과 여인〉 회화 작품을 감상케 한다. 이와 더불어 '광고 읽기의 즐거움'에 대해 설명한다. 이에 따라 다음과 같이 전개과정을 3단계로 나누어 각 단계별 해당 영상광고를 제시하며 모둠별 활동을 독려한다.

전개 1> TV 광고를 동영상으로 보여주고 자료에 따라 분석한다.
· 이동통신회사의 광고를 보여준다.
· 제시한 자료에 따라 모둠별 활동을 한다.
· 과제 제시를 받은 모둠이 발표한다.
· 발표 내용: 발상의 전환 (1 · 2모둠)

전개 2> TV 광고를 동영상으로 보여주고 자료에 따라 분석해 발표한다.
· 상업광고(실론티) 동영상을 보여준다.
· 제시한 자료에 따라 모둠별 활동을 한다.
· 과제 제시를 받은 모둠이 발표한다.
· 발표 내용: 패러디(3 · 4모둠)

전개 3> TV광고를 보여주고 제시한 자료에 따라 분석해 발표한다.
· 상업광고(플러스마이너스) 동영상을 보여준다.
· 제시한 자료에 따라 모둠별 활동을 한다.
· 과제 제시를 받은 모둠이 발표한다.
· 발표 내용: 비판적 읽기(5 · 6모둠)

교수 · 학습의 세 번째 단계는 발전학습, 즉 학습 결과의 확대이다. 이 단계에서는 다음과 같은 사항을 제시한다.

· 기본 공통 학습자료 외에 더 많은 읽기 자료를 준비해 두고 발전 학습을 원하는 경우 학급 문고를 이용하여 볼 수 있게 한다.
· 학습 주제와 관련 있는 책을 소개함으로써 자기 주도적 심화 발전 학습이 이뤄질 수 있도록 한다. 다음은 평가 계획 및 차시예고(인터넷 읽기)를 한다. 평가 계획은 다음과 같은 사항을 반영한다.
· 학습주제와 관련 있는 광고를 보여주고 수업활동에서 배웠던 내용들을 활용할 수 있다.
· 모둠별 발표 내용의 정확성, 창의성, 발표를 위한 협력과 준비 정도에 따른 태도 등을 수행평가에 반영한다.

수행평가 반영을 위한 형성평가 활동에서는 한 편의 영상광고 텍스트를 제시하고 다음과 같은 사항을 점검한다.

· 줄거리에 대해서 말하기
· 이 광고에서 가장 인상에 남는 부분은?
· 이런 광고가 등장하게 된 배경은 무엇이라 생각하는가? '광고가 그 시대를 담는 그릇의 역할을 한다.'라는 점에 착안하여 말해 본다.

학습자들에게 발전 학습 및 형성평가를 준비시키기 위해 교사는 관련 서적을 소개하고, 교수 · 학습 자료를 안내할 수 있다. 이때 과제로서 독후감을 쓰게 하거나 소개한 자료를 중심으로 발표 준비를 지시할 수 있다.

위에 제시한 교수·학습 과정 지도안의 끝 부분에는 모둠별로 제시될 과제활동지와 활동을 통해 어느 정도 해당 학습목표에 도달했는가를 확인할 수 있는 형성평가지가 첨부되어 있다. 이와 같이 일련의 교수·학습 과정을 통해 학습자들이 일상생활에서 접하는 영상광고 텍스트들을 읽어낼 수 있는 방법론을 터득하게 된다.

(4) 광고교육의 기대효과

위에 제시한 교수·학습 과정을 경험한 학습자들은 모둠 활동을 통해 광고 다시쓰기를 시도하게 된다. 이 시도는 곧 광고를 자신의 의미로 해독해 냈음을 의미하고 실천적인 삶의 준비로 가정할 수 있다. 위에 소개한 광고 수업에서 3개의 영상광고 텍스트에 대한 교사의 읽기를 통해 학습자들은 어떻게 이해하고 또 다른 텍스트를 만들어 낼 수 있다. 창의력 및 비판력 신장 그리고 사회 적응 능력과 관련이 있다. 교사는 각 모둠에 대해 수업에서 제시한 광고 텍스트들의 다시 쓰기를 제안하였다. 그 결과 '전개 1'에 제시된 이동통신광고의 다시 쓰기는 원래 본 광고는 3인칭 화자 시점으로 되어 있으며, 모둠 활동을 통해 중년신사를 서술자 1인칭 시점으로 바꾸어 창의적으로 구성한 것이다. 이렇게 광고의 내용을 재구성함으로써 광고읽기를 넘어선 광고 다시 쓰기를 통해서 본래 광고에서 의도한 '구세대의 사고'와 '신세대의 사고'를 '대립'으로 보는 것이 아니라 '상호이해'의 측면으로 환원시키고 있다. 이것 또한 본 광고의 핵심 주제인 발상의 전환인 것이다. 다시 말해 텍스트 다시 쓰기를 통해, 학습자들이 직면하는 부모님과의 세대적 갈등 해소, 아버지 사회의 현실 이해 등에 기여할 것이다. 이와 같이 영상광고 텍스트는 교수자의 교수 전략에 따라 창의적인 텍스트로서, 사회 이해의 통로로서 환원될 수 있다는 것이다. 물론 광고 텍스트 속에 담긴 내용들이 교과 내용과 얼마나 유기적인 관계를 맺고 있으며, 학습자들에게 얼마만큼의 동기유발을 갖게 하느냐 등이 영상광고 텍스트 활용 수업에서 중요한 변수로 작용하게 된다. 따라서 학습 주제에 맞는 광고 텍스트 선정, 적절한 광고 교수법 개발 등이 더욱 시급한 문제다.

2) 광고활용교육 중학생 수업에 적용 사례

서울 잠신중학교는 '광고를 활용한 창의성 교육'이라는 AIE 교육과정을 2007년 3월 15일부터 2007년 12월 6일까지 개설하였다. 이 과정은 CA활동의 일환으로, 1~3학년까지 전 학년 학생 20명이 참여하고, 우석대학교 광고이벤트학과 차유철 교수가 명예교사로 교육과정을 담당하였다.

(1) 교육 목적

교육과정의 제목에서 밝힌 바와 같이 주된 목적은 학생들의 창의성을 계발하는 것이었다. 부수적인 목적은 현대 사회에서 광고의 역할, 광고의 순기능과 역기능 등을 앎으로써 광고에 대한 이해를 높이는 것이었다. 이를 구현하기 위한 주된 수단으로 광고가 활용되었다.

(2) 교육 진행

교육을 본격적으로 진행하기에 앞서 창의성 테스트와 광고인식에 대한 조사를 실시하였다. 창의성 테스트는 교육과정이 참여자들의 창의성 향상에 어느 정도 기여했는지를 평가하기 위하여 참여자들의 창의성을 사전 측정하였다. 측정 도구는 36문항으로 구성된 표준화된 설문지와 연상력을 묻는 비표준화된 문제를 활용하였다. 광고 인식 조사는 교육과정이 참여자들의 광고 인식에 어느 정도 영향을 미쳤는지를 평가하기 위하여 참여자들의 인식조사를 실시하였다. 조사 내용은 광고에 대한 일반적 인식, 광고활용교육에 대한 인식, 기업정서 등으로 구성되었다.

(3) 교육 내용

교육 내용은 크게 아이디어 발상 연습, 광고 아이디어 발상, 광고 만들기, 광고에 대한 토의, 광고와 정규교과의 연결, 광고감상으로 구성되었다.

표면적으로는 광고 만들기와 연관된 영역이 교육 내용의 상당 부분을 차지하는 것으로 보이지만, 실제로는 광고를 만드는 과정을 통해 자료 수집의 필요성에 대한 이해, 분석능력의 향상, 수평적 사고의 활용, 토론 기술의 습득, 표현 능력의 향상 등 창의성 향상에 초점을 두었다. 특히 다양한 아이디어 발상법을 연습하고, 이를 광고 아이디어 발상에 적용하고, 거기서 나온 아이디어를 바탕으로 광고를 만드는 일련의 과정은 단순한 창의성 향상이 아니라 창의적 문제해결 능력의 향상이라고 할 수 있다. 이러한 전반적인 과정은 광고로부터의(from) 교육에 해당한다.

또한 광고물에 나타난 메시지, 이미지, 상황 등을 학교의 정규교과 내용과 연결시킴으로써 교과 내용에 대한 이해와 관심을 높이는 활동을 병행하였다. 주로 최근 배운 교과 내용을 대상으로 하였는데, 예를 들면 KTF의 쇼(Show) 광고에서 '쇼 곱하기 쇼는 쇼……' 하면서 사람 캐릭터가 급속히 늘어나는 이미지를 통해 '산술급수와 기하급수'의 차이를 설명하는 방식이었다. 이는 광고를 통한(through) 교육에 해당한다.

광고에 대한 토의는 특정 광고물 또는 여러 광고 현상에 대한 자유롭게 의견을 교환하도록 하였다. 이는 광고란 무엇이며, 광고가 어떤 역할을 하고, 어떤 장점과 단점이 있는지 등을 강의하는 대신 스스로 의견을 정리해 나가는 방식이지만 실질적으로 광고에 대한(about) 교육에 해당한다.

광고감상은 주로 수업의 지루함을 회피하기 위한 수단으로 활용하였는데, 단순히 광고를 보는 데 그치지 않고 광고 퀴즈를 병행하였다.

(4) 교육 성과

현재 교육 과정이 종료되지 않아 최종적인 성과는 평가가 이루어지지 않고 있다. 두 가지 창의성 테스트와 광고 인식 조사를 사후에 실시하여 사전 조사 결과와 비교한다면 객관적인 결과가 나올 것이다. 그러나 교육의 초기 상황과 현재의 전반적인 상황을 개략적으로 비교해 보면, 사물을 단편적으로 보지 않고 다양한 각도에서 생각하는 능력이 다소 향상되었고, 독창적인 방식으로 자신의 의견을 표현하려는 참여자들이 종종 발견되었으며, 광고물의 내용을 정규 교과 내용과 연결시키려는 시도 역시 수차례 있었다. 괄목할 만한 성과라고 하기는 어렵지만, 광고를 활용한 창의성 교육이 2학기에 걸쳐 총 17회(현재까지 15회)에 불과한 점을 고려하면 실제로는 어느 정도의 진전은 있었다고 할 수 있다. 특히 주목할 만한 것은 정규 교과 내용을 광고의 메시지나 이미지 또는 배경과 연관시키는 것이 해당 지식에 대한 관심과 흥미를 높일 뿐 아니라 이해에도 상당한 도움이 되고 있다는 점이다.

(5) 결 론

수업을 통해 광고에 대한 이해와 광고 활용을 경험하였으며, 광고자율심의기구 등 현장 견학을 포함하였는데, 대학 전공교수에 의해 시도된 최초의 실험적 광고활용교육의 하나였다는 의의를 가지며 향후 광고활용교육의 저변을 넓히기 위한 시범수업으로 의의를 갖는다.

3) 고등학교 광고 교과서

(1) 광고와 미디어교육, 상업계 교과서 〈광고일반〉

2002년 봄학기부터 일선 상업계 고등학교에서 광고가 정규과목으로 지정돼 본격적인 광고교육이 실시되었는데, 과목의 정식 명칭은 〈광고일반〉으로 교과서도 가제본을 끝내고 학기가 시작되는

3월에 맞춰 출간되었다.

<광고일반>은 실업계고등학교의 전문과목으로, 상업계고등학교에서 선택하여 가르칠 수 있을 뿐만 아니라 공업계, 가사 실업계 고등학교 등에서 선택하여 가르칠 수 있다. 따라서 학교와 학과의 필요에 따라 이 과목을 지정해 배울 수 있으며 보통 6단위(주당 3시간) 정도로 운영되었다. <광고일반>은 고등학생들에게 광고에 대한 올바른 기초지식과 좀 더 쉽고 재미있게 다가갈 수 있도록 본문 내용을 쉽게 구성했으며, 그 외에도 시각적으로 주목할 수 있는 일러스트를 많이 활용하고, 비주얼적인 요소도 많이 첨가해 학생들의 이해를 돕도록 했다.

광고가 고등학교의 정식교과로 채택되게 된 경위는 제7차 교육과정에서 상업계 고등학생들에게 광고가 무엇이며, 어떤 기능을 하는지, 광고에 대한 전반적인 지식과 기술을 습득게 하고, 이를 경제생활과 연관시켜 효율적인 소비생활을 할 수 있도록 지도하는 데에 그 목적이 있었다. 또한 광고에 대한 이해의 폭을 넓히고, 첨단 정보산업의 산물인 매체에 대한 이해를 도와 광고관련 업무에 종사할 수 있는 직업인으로서의 전문적 지식과 소양을 기르는 데에 있었다.

집필은 김상훈 교수와 신황호 교수, 서울여자상업고등학교의 조병중 선생이 공동으로 하였으며 광고 일반 및 산업, 광고와 마케팅, 광고 관리, 광고 제작, 광고 매체, 광고 윤리와 규제 등 총 6개의 주제로 나뉘어, 광고의 종류와 광고산업의 발전, 광고와 소비자와의 관계, 광고계획과 예산, 크리에이티브, 광고 효과 측정, 매체 기획, 광고규제 등 광고 전반에 대한 포괄적인 내용을 담고 있다.

구체적인 내용을 살펴보면, 본문 내용 중에 상세한 설명을 필요로 하는 어휘는 좌·우에 용어 설명을 하고, '심화 학습'란에는 본문 내용에 대한 심화 학습용으로 자료들을 제시하였으며, 또 본문 내용 중에서 탐구활동을 위해서 컴퓨터를 이용한 '인터넷 광고 정보 탐구'란을 두었다. '광고 탐구 활동'란에서는 학생들의 참여를 높이도록 조사, 발표, 토의를 첨부했고, 중요한 내용은 '스스로 풀어보기'란을 통해 학습평가에 도움을 주도록 했다. 한편 읽을거리로서 '광고계 휴게실'을 두어 광고를 이해하는 데 도움이 되는 자료를 제시함으로써, 학생들이 쉽게 흥미를 불러일으킬 수 있게 하였다. 그러나 많은 사례를 제시해 학생들이 쉽게 광고에 대한 여러 가지 현상의 이해를 도우려고 했는데, 특정한 사례를 제시할 때 브랜드 네임을 쓰지 못했다(특정한 브랜드 네임을 써야 보다 현실감 있는 광고 사례를 제시해 가면서 광고에 대한 설명들을 쉽게 할 수 있었을 것이다). 또 브랜드 네임을 쓰지 못해서 심지어는 매체명을 밝히지 못하기도 했다.

또한 전국에 광고홍보학과가 있는 대학이 30개 이상 있는데, 현재 고등학교에서 광고과목이 정식으로 채택되었기 때문에, 광고홍보, 언론정보, 신문방송 등 관련 학과에서 전공자에 한해 앞으로 고등학교 교사가 될 수 있는 제도 또한 마련되어야 할 것이다. 광고에 대한 올바른 인식 확산의 토대로 삼아야 '광고는 문화를 반영하기도 하고, 문화를 이끌어 나가기도 한다.'라는 말이 있다. 청소년들은 특히 광고에 상당히 민감하게 반응하는 계층이다. 따라서 광고교육의 활성화를 통해 좀 더 광고를 올바른 시각을 가지고 바라볼 수 있다면 청소년들의 문화에도 긍정적인 영향을 미칠 것이다. 즉 청소년들이 좀 더 건전하고, 합리적인 소비자가 될 수 있다면 과소비나 충동구매 등을 줄이고 또한 외모지상주의와 같은 관념에서도 벗어날 수 있을 것이다. 고등학교에서 광고가 정식으로 선택된 과목으로 혹은 미디어교육의 일환으로 교육되는 것에 대해서 우리 광고계 전체가 환영할 만한 일이다. 광고현상의 극히 일부인 허위·기만·과장 광고들은 청소년들에게 좋지 않은 영향을 미치기 때문에 광고에 대한 비판과 오해가 있는 것이 사실이다. 그러나 이러한 현상은 일부에 지나치고, 경제를 뒷받침하는 광고의 올바른 기능이 고등학교 교육과정에 의해 이해된다면 청소년들뿐만 아니라 전반적으로 일반인의 의식, 다시 말해 광고업 내지는 광고업계를 바라보는 소비자의 인식과 정부의 인식에도 긍정적으로 작용할 것이다. 이는 광고업계 전반에 상당한 도움을 주게 되고 궁극적으로는 우리 경제가 한 단계 도약하는 데 커다란 힘이 될 것이다. 따라서 고등학교 교사들에 의한 광고 교육에 대해 광고업계와 학계에서 좀 더 적극적으로 관심을 가지고 지켜보아야 하며, 광고에 대한 올바른 인식을 확산시켜 나가는 데 노력해야 할 것이다.

(2) 〈광고일반〉에 대한 평가

부천 정명여자정보산업고등학교에서는 유통관리과 3학년 4개반을 대상으로 〈광고일반〉을 지도하고 있으며, 염승환 교사는 올해부터 〈회계원리〉와 〈광고일반〉을 동시에 지도하고 있다. 다음은 광고계동향에 소개된 〈광고일반〉에 대한 교사 심층면접 내용을 요약한 것이다.

> ○ 광고는 문학, 심리학, 자연과학 등이 연관된 종합과학이라고 생각한다. 여러 분야의 학문이 종합된 것이 '광고'이며, 학생들은 이러한 복합된 분야를 배우는 데 낯설어한다. 이는 교사도 마찬가지이다. 〈광고일반〉 교과에 대해 따로 교육받은

적 없이, 지도를 하기 때문에 교과서에 기록된 내용만 충실히 교육하고 있다. 물론 학생이나 교사 모두 TV 및 신문 등 여러 매체들을 통해 광고를 많이 접하기는 하지만, 이론과 실제 생활 속의 광고는 다르다. 이론으로서의 '광고'는 전문성이 필요하며, 실제 생활에서 활용도는 낮은 부분이다.

○ <광고일반>은 아직 교과로 인정된 지 얼마 되지 않아 지도에 활용할 참고자료도 부족하고, 문제집도 전무한 상태이다. 교내 도서관에도 광고관련 도서는 거의 찾을 수가 없다. 가끔 대학의 광고교재 및 광고원론 등을 살펴보기는 하지만, 일반 고등학교 학생들 수준에 맞는 자료는 아직 없다. 학생들이 <광고일반> 교과에 관심을 갖도록 만들기 위해서는 이러한 보충 자료가 확대되어야 하며, 교과 내용도 개편, 보완이 필요하다. <광고일반> 교과서가 여타의 교과서와는 달리 참고서처럼 짧게 정의 내리는 식으로 기술되어 있어, 학생들의 이해를 충분히 이끌어 내기 어려운 점이 있다.

○ 실제 지도에 있어서도 '광고'라는 교과의 특성을 살려 사례 위주의 교육은 이루어지지 못하고, 교과서 위주의 전통적인 방법을 통해 이루어진다. 교사들도 '광고'에 대해 상당한 지식을 가지고 있지는 않기에, '광고'에 대해 친근감을 실어 주는 정도의 교육에서 머물게 된다. 이론수업이 대부분이며, 실습은 딱히 이루어지지 못한다. 이것은 우리나라 전체 교육과정의 문제이기도 하지만, 광고제작 실습이 실업계 고등학교 학생들에게는 무리일 수도 있기 때문이다. '각자 광고부장이 되어 계획을 세우고, 광고계획을 발표해 보자.'라는 주제가 있다. 학생들에게 말처럼 쉽지 않은 주제이다.

○ 또한 실제 실업계 고등학교에서 광고에 대한 이론을 배워도, 실제 활용가능성은 매우 낮다. 실업계 고등학교를 나온 학생들이 4년제 대학을 나와서 광고회사에 입사할 가능성은

별로 없다. 그러므로 개편, 보완이 이루어진다면 광고사례를 보여주고 정보를 읽는 법, 광고가 생활에 어떠한 영향을 주는지에 대해 교육하도록 하여야 할 것이다. 그래야만 학생들에게 친근감을 줄 수 있다.

○ '광고를 보고 속지 말아야 한다. 광고는 나쁜 것이다.'라고 교육하지 않는다. 광고는 상품에 대해 진실에 가까운 것을 전달하는 것이 목적이라고 교육한다. 광고는 구매하고자 하는 상품에 대해 비교적 정확한 정보를 주고, 우리 실생활에 하나의 문화콘텐츠로서 활력을 주는 면이 많다. 교과서에도 나오지만 '광고는 자본주의 사회의 꽃'이라고 하지 않는가? 문제는 허위광고이지만, 소비자들이 허위광고를 보고 속아서 구매하였더라도 다시는 구입하지 않으면 된다. 유해한 광고가 있더라도 이는 광고 자체가 옳지 않은 것은 아니다.

○ <광고일반> 교과를 통해 이러한 점을 교육하고자 한다. 물론 광고업계에 실제 종사하는 이들도 광고를 통해 상품에 대한 정확한 정보를 제공함으로써, 소비자에게 봉사한다는 생각을 가져야 할 것이다. 좋은 상품을 믿고 살 수 있도록 광고를 통해 정보를 제공하고, 봉사하는 것이 즉 광고업계의 사명이다. 다만 아쉬운 점은 광고를 통해 자극을 주고, 색다른 것을 찾다 보니 우리말을 많이 훼손하고 있는 것은 아쉽다.

○ <광고일반>은 7차 교육과정을 통해 교과로 인정되었다. 7차 교육과정은 학생들의 교과 선택권을 존중해 주고, 좀 더 다양한 교육을 받을 수 있도록 하자는 취지이다. 종합과학으로서의 광고는 이론이기보다는, 개인의 소양이라고 생각한다. <광고일반> 교과를 통해 이론보다는 광고를 통해 과연 전달하고자 하는 메시지를 읽는 법, 광고가 어떻게 만들어지고, 실제 생활에 어떠한 영향을 주는지를 실제 사례를 통

해 교육할 수 있기를 바란다. 이를 위해서는 아직은 학습 비중이 미비한 <광고일반> 교과의 저변을 확대하고, 지원하는 것이 필요할 것이다.

4) 고교생 및 초등학생 대상 광고캠프

한국방송광고공사는 다양한 체험학습 지원 위해 학생 대상 광고캠프 '고등학생 광고캠프'를 2007년 8월 14일(화)~15일(수), 1박 2일에 걸쳐 양평 남한강연수원에서 개최하였다. 올해로 두 번째를 맞는 고등학생 광고캠프에는 광고업에 종사하고 있는 전문가들이 강사로 참여하여 광고특성화 고등학교 학생을 대상으로 광고기획서 작성 및 프레젠테이션 등 실무 위주의 교육을 실시하여 광고에 대한 이해도를 제고하고 현장실습의 기회를 제공하였다. 또한 8월 18일(토) 초등학교 5~6학년을 대상으로 '초등학생 광고캠프'를 실시하였다. 올해 처음으로 실시되는 초등학생 광고캠프에 참가하는 학생들은 재미있는 광고의 세계, 광고의 제작과정 등을 통해 광고에 대한 다양한 시각과 흥미를 유발시킬 수 있는 새로운 체험의 시간을 가졌다. 다양한 체험학습 지원을 통해 광고에 대한 전반적인 이해 및 광고문화 인식확대 등 광고의 올바른 가치관 정착에 기여하기 위해 기획되었다.

5) 고교생 광고경진대회

2005년부터 진행된 대학생광고경진대회를 고등학생으로 확대 발전한 형태로 2007 대한민국 고등학생 광고경진대회가 개최되었다. 이른바 'Korea Highteens Advertising Competition(KOHAC)'로 목원대학교(광고홍보언론학과)와 대전충청광고홍보이벤트협의회 공동으로 주관, 삼성, 한국철도공사(코레일), 경남기업, 한국광고단체연합회, 한국방송광고공사가 후원하였다. 구체적인 실행 내용은 아래와 같다.

○ 행 사 명: 2007 대한민국 고등학생 광고경진대회
○ 참가자격: 대한민국 고등학생
○ 출품주제: 공익광고
 · 공중보건/복지 저출산, 고령화, 장기기증, 헌혈, 금연, 생명존중 등
 · 사회/공동체 인권, 사회봉사의식, 장애우, 세대/계층갈등 해소 등
 · 자연/환경 일회용품, 지구온난화, 음식물쓰레기, 수질오염, 난개발 등
 · 가정/공동체 가족대화, 가정폭력, 학원폭력, 학교교육 등
 · 공공예절 인터넷예절, 공공장소예절, 교통질서 등
○ 출품형식: TV광고, 신문광고
○ 본선 9개 팀 경진대회(응모작품 중 자기작품을 공개발표/심사) 참가
○ 공개발표일: 2007년 10월 26(금) 오전 10시까지 집결/2시부터 발표/심사
○ 공개발표시간: 각 팀당 15분(심사자 질문 5분 포함)
○ 공개발표형태: 각 팀이 제출한 광고와 그에 따른 '제작의도'를 설명
○ 참석자: 지도교사를 동반한 팀 전원(응원을 위한 본선진출자 참가학교/학급 재학생 참석 환영)

6) 미디어 및 광고관련 교사활동

(1) 깨끗한미디어교사운동[5]

깨끗한미디어교사운동(깨미동)은 1999년 기독교윤리실천시민연합의 미디어아카데미 강의를 수강한 교사 5명을 주축으로 아이들을 잘 이해하기 위해서는 먼저 미디어와 대중문화, 사이버문화를 연구해야 한다는 생각으로 모이게 되었다.

이후, 깨미동은 미디어 운동단체로서 대중음악과 게임의 등급운동, 스포츠 신문의 선정성, 사행성 게임, 게임산업진흥법안 등 각종 이슈에 대해 교사와 학생, 학부모의 입장을 대변해 왔다. 체계적인 미디어교육을 위해 격주마다 모여 강의를 듣고, 논문과 책을 읽고, 수업사례를 연구하고, 실천하고, 집필을 해 왔다. 이후 기독교윤리실천시민연합으로부터 독립하여 좋은교사운동의 분과모임으로 자리 매김하였다. 복음으로 다음 세대를 책임지고 국민에게 희망을 주는 교직사회를 만들며 교육과 사회를 새롭게 하고자 하는 좋은교사운동의 분과모임으로서, 3100명의 기독교사회원과 뜻을 함께하고 있다. 대표적인 미디어교육 및 청소년문화 연구단체이다. 주요 활동으로는 다음과 같다.

- 희한한 수업(좋은교사), 미디어로여는세상(한나래), 생각여행(한나래), 현장교사들이 다시 쓴 미디어교육(한나래, 집필 중) 등 도서 발간
- 한겨레, 서울신문, 국민일보 등 각종 언론에 청소년 및 미디어 관련 칼럼 게재

---

5) 깨끗한미디어교사운동 홈페이지 cleanmedia.njoyschool.net 참조.

○ 국가청소년위원회 YP(청소년스스로지킴이) 프로그램 연구
개발 및 보급

(2) 전국국어교사모임[6]

올바른 국어교육을 실현하고자 하는 초중고 교사들의 연구 실천
모임으로 1988년 '국어교육을 위한 교사모임'으로 창립하여 7천여
명의 국어교사들이 함께해 왔다. 주요 활동으로 <우리말 우리글
모임>의 발간과 보급, <국어시간에 고전읽기>, <문학 시간에 시
읽기> 등 학생들의 눈높이에 맞는 다양한 읽기 자료의 출판에 힘
써 왔다. 대표적으로 전국국어교사모임의 중학교 매체연구부를 중
심으로 광고를 이용한 수업의 유용성을 인식하고 교안개발에 관심
을 갖고 연구하였다. 구체적인 교수방법과 교안중심의 실행적인
방법론이 강구되었는데, 광고활용교육이라 구체적 명시를 하지 않
았지만 자생적이고 기초적인 광고활용교육의 사례를 개발하였다는
데 의의를 갖는다. 내용은 수업의 목적과 방향, 진행방법, 평가로
구성되었는데 요약하면 아래와 같다.

① 광고를 이용한 말하기 수업의 목적과 방향

광고는 30초라는 짧은 시간 안에 전달하고자 하는 내용을 효과
적으로 표현하는 데에 생명이 있기 때문에 이를 위해서는 '효과적
인 표현 방법'을 알고 사용하는 것이 매우 중요하다. '광고를 이용
한 말하기' 수업은 바로 이 점, 즉 자신의 생각을 효과적으로 표현
하는 훈련을 하게 한다는 점에 수업의 목적이 있다. 광고를 제작

---

6) 전국국어교사모임 www.naramal.or.kr 홈페이지 참조.

하고 평가하는 활동에 초점을 맞추어 수업을 진행하는 것이 바람
직할 것이다.

② 수업 진행

㉠ 1차시: 효과적인 말하기의 필요성과 방법 지도
㉡ 2차시: '효과적인 광고란 무엇인가'를 학생들과 함께 공유/광
고 문안 작성 연습
㉢ 2 - 1차시: '효과적인 광고란 무엇인가'
㉣ 2 - 2차시: 광고 문안 작성 연습
㉤ 3차시: 광고 제작 전 토의 과정(광고 제작 계획서, 콘티 작성)
㉥ 4, 5차시: 광고 발표 및 모둠별 평가

③ 수업의 평가

말하기 단원은 자칫 교과서에 나와 있는 내용을 잠깐 설명하고
가볍게 지나칠 수 있는 단원이다. 그러나 아이들은 표현하고 싶어
한다. 국어는 직접적으로는 언어라는 매개체를 통하여 그리고 더
나아가 자신이 사용할 수 있는 모든 표현 수단(몸짓이나 표정, 기
타 여러 매체)을 동원하여, 실생활에서 자신의 생각을 잘 표현할
수 있는 사람으로 성장하도록 지도하는 과목이다. '말하기 단원'은
이런 점에서 가능한 한 아이들이 말하기에 흥미를 갖고 자신의 생
각을 자유로이 펼치고 표현할 수 있는 시간이 되어야 한다. 광고
를 이용한 말하기 수업은 우선 아이들이 흥미를 가지고 자기표현
을 할 수 있다는 점에서 장점이 있다. 게다가 짧은 시간에 전달하
고자 하는 내용을 효과적으로 전달해야 했기 때문에 효과적인 표
현 방법에 대한 연구를 스스로 할 수 있었다.

4. 광고활용교육 사례

광고활용교육에 참여를 희망하는 교사와 광고활용교육에 관심이 있는 연구자들의 방법론에는 차이가 있다. 가령 교사들은 당장 수업에 활용할 수 있는 콘텐츠와 아카이브의 제공에 관심이 있는 반면, 연구자들은 광고의 가치를 통한 창의력 학습 또는 광고인식의 개선, 광고활용교육을 통한 새로운 관련 전문가 양성 등의 이해관계는 분명 다르다. 그럼에도 광고활용교육이 뿌리를 내리고 실천할 수 있으려면 광고활용교육의 구체적인 교수법과 방법론이 개발은 무시되어서 안 될 매우 절실한 과제이다. 이를 위해 교재가 개발되고 이론서가 발행된다 하더라도 지속적인 광고콘텐츠와 교사의 지도서와 같은 실용적 가치의 제고는 광고활용교육의 또 다른 과제이다. 이 장에서는 광고활용교육 현장에서의 사례를 수집하여 방법론으로 제시하고자 한다.

현대사회는 창의성이 중시되는 사회로, 교육 또한 창의성 신장을 중요한 목표로 제7차 교육과정도 창의성과 자기주도적 학습능력을 길러 주는 데 중점을 두고 있다. 창의성 신장을 목표로 하는 현재의 교육과정에서 창의성 교육을 위한 중요한 소재 가운데 하나가 바로 광고이다. 광고는 제품에 관한 정보를 전달하는 기능을 하고 있어 경제활동에 대한 이해 및 소비자 교육에 활용되고 있으며, 대중문화의 한 현상으로 현대인의 삶을 반영하는 중요한 문화적 요소로 문화연구의 소재가 되고 있다. 또한 광고의 독창적인 아이디어와 비주얼 요소들은 창의성 신장과 커뮤니케이션 능력 향상을 위한 교육에 활용되고 있으며, 광고 아이디어는 혼자만의 생각으로 완성되는 것이 아니라 광고기획에 참여하는 구성원들의 브레인스토밍 과정 등을 통해 완성되는 것으로, 광고제작교육은 창의성 발휘를 극대화시킬 수 있는 좋은 교육 소재가 된다. 특히, 광고제작교육은 학생들이 광고제작자의 입장에서 광고를 만들어 봄으로써 제작자나 수용자의 개념에 대한 이해뿐만 아니라 광고가 만들어 내는 언어와 영상의 의미, 현실을 재현하는 양식과 관습을 이해하고, 나아가 사회와 문화에 대한 이해, 영상 커뮤니케이션과 기술까지 습득할 수 있는 좋은 기회가 될 수 있다(강윤용, 1999).

실제로 중·고등학교에서의 미디어 교육에 관한 연구(이미현, 1995)에서 미디어교육 수업 매체 중 방송광고가 97.5%로 가장 많이 이용된 것으로 나타났다. 이 연구에서 학생들은 흥미 있었던 활동으로 '광고에 대한 선생님의 설명듣기', '수업 후 비디오 촬영 실습', '시청 후 느낌과 생각 토론'이라고 응답하였으며, 수업에서 희망하는 학습 활동도 '제작 방법 습득', '제작 실습', '광고 녹화 및 수집'의 순으로 나타났다. 이는 영상세대로 일컬어지는 학생들의 영상제작 욕구를 잘 반영하고 있는 것으로 학생들은 방송광고를 포함한 영상물들을 직접 제작해 볼 수 있는 교육활동에 흥미를 갖고 있음을 확인해 주는 것이라고 할 수 있다.

학생들의 이러한 요구와 미디어제작교육의 중요성을 반영하듯 최근의 광고활용교육에서는 광고읽기 및 비평, 광고제작 등 다양한 체험학습을 실시하고 있다. 이러한 교육활동은 교사들의 더 많은 노력을 필요로 한다. 실제 광고활용교육을 하기 위해 광고자료 수집 및 관련 이론에 대한 연구, 제작 지도를 위한 준비 등 교사가 준비해야 할 많은 과정이 뒤따르게 된다. 이에 대한 지원으로 교육기관의 연구와 광고관련 기관에서는 교사 대상 프로그램 등을 시행하고 있어,[7] 학교에서 광고활용교육이 점차 확대되고 있다.

특히 국어과목에서의 활용이 두드러진 가운데, 전국국어교사모임의 계간지 회보인 『함께 여는 국어교육』 1999년 가을호에 게재된 '광고를 이용한 국어 수업 사례'는 2003년 제2차 미디어교육 심포지엄에서 홍완선 선생님의 발표문 가운데 일부로 소개되기도 하였다. '광고를 이용한 국어 수업 사례'는 중학교 국어 단원 중 '1-2. 1. 효과적으로 말하기', '2-1. 2. 어떻게 읽을까(2) 여러 가지 글', '2-1. 6. 설득하는 글쓰기'에 적용할 수 있다.

매체연구부 선생님들은 광고를 이용한 국어수업에서 먼저 광고의 정의와 광고에 대한 이해를 돕는 수업을 한다. 그런 다음 자신이 본 광고 중 재미있는 광고를 찾아보고 그것이 재미있는 이유를 말하게 한다. 또한 광고카피를 바꾸어 보거나, 실제 제품과 광고를 비교해 보기도 하고, 공익광고에 대해서도 알아본다(홍완선, 2003). 『함께 여는 국어교육』에 소개된 '광고를 이용한 국어 수업 사례'는 광고를 보는 것에 그치지 않고 직접 광고를 제작하는 활동까지 이어졌다. 광고제작 활동은 학생들에게 광고 콘티를 짜게 하고(<그림 Ⅲ-1> 참조), 콘티를 바탕으로 학생들이 직접 촬영을 하여 광고를 완성(<그림 Ⅲ-2> 참조)하는 활동으로 구성되었으며, 제작 후에는 친구들의 작품을 비판해 보게 함으로써 광고창작과 더불어 광고분석까지 해 볼 수 있도록 하였다.

이렇듯 현장에서 광고를 활용한 교육이 확대되어 가고 있는 가운데, 이 장에서는 창의성 신장을 위한 광고활용교육 사례를 통해

---

7) 대표적인 프로그램으로 한국광고단체연합회의 '광고교원연수프로그램'을 들 수 있는데, 광고교원연수 프로그램의 주요 내용은 광고의 이해와 활용, 광고 바로보기, 광고제작을 활용한 교수학습법, 창의적인 아이디어 발상법 실습, 광고기획 실습, 광고제작 실습, 광고미디어도구 활용 실습(ICT) 등으로 구성되어 있다.

실제 교육현장에서 어떠한 방법으로 창의성 교육이 진행되고 있는 지를 살펴보고자 한다.

<그림 Ⅲ-1> 지면에다 콘티짜기

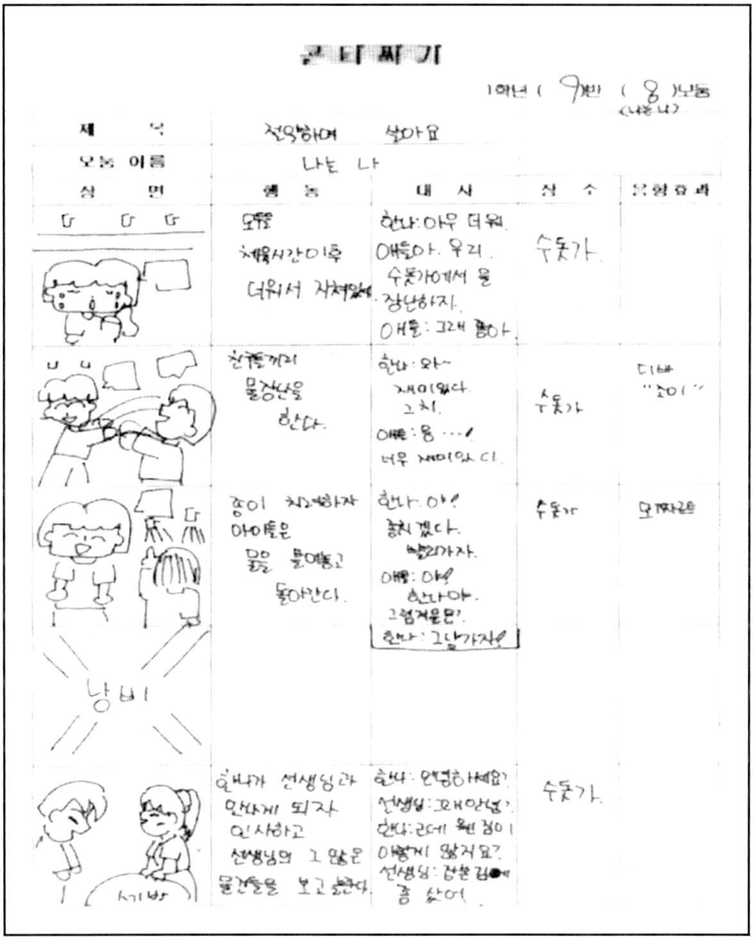

※출처: 전국국어교사모임 매체연구부(1999), '광고를 이용한 국어 수업 사례', 「함께 여는 국어교육」

<그림 Ⅲ-2> 콘티를 실제 촬영한 장면

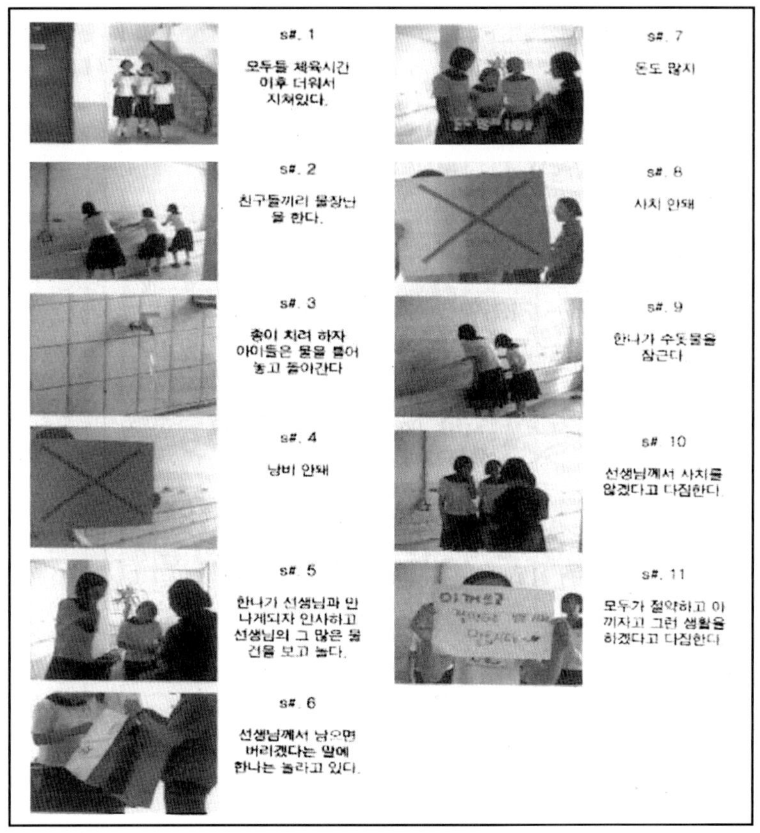

※출처: 전국국어교사모임 매체연구부(1999), '광고를 이용한 국어 수업 사례', 「함께 여는 국어교육」

1) 광고활용교육 사례 1: 국어과 교육

첫 번째 광고활용교육 사례는 중학교 국어 창의적 재량활동 교육으로 실행된 '광고 만들기' 수업이다.8) 총 6차시로 구성되어 있으며, 광고이론 가운데 광고카피를 중심으로 창의적 글쓰기 수업을 진행하고, 이를 바탕으로 학생들이 모둠을 구성하여 광고를 직접 만들어 보는 활동으로 이루어진다.

(1) 수업목표 및 진행 과정

교안작성교사는 학생들의 주체적인 삶과 소비를 위해 광고에 대해 연구해 볼 필요가 있으며, 아이들에게 광고를 직접 만들어 보게 하면 광고가 어떤 방식으로 소비활동을 촉진하는지 이해할 수 있게 된다고 밝히고 있다. 또한 학생들은 고도의 창의력을 필요로 하는 광고 만들기 활동 자체를 대단히 재미있어 하고, 제작과정에서 반짝이는 아이디어를 표현하는 계기가 될 수 있다고 한다.

수업은 6차시로 구성되어 있으며, 전반부는 광고요소 및 광고이론과 모둠구성을 통한 광고기획으로 이루어지고, 4~5차시는 광고제작과정으로 카피쓰기 및 디자인 활동으로 진행된다. 마지막 6차시는 모둠별로 제작한 광고에 대한 평가와 더불어 시사회를 진행한다. 구체적인 수업진행과정 내용은 <표 Ⅲ-7>과 같다.

<표 Ⅲ-7> '광고 만들기'수업진행과정

차시	교재	자료	활동
1	100년 전의 광고들 광고의 요소	학생들이 가져 온 신문/잡지 광고	퀴즈: 100년 전의 광고에서 '광고하는 제품' 알아맞히기 각자 가져온 신문/잡지 광고에서 광고에 꼭 들어가게 되는 내용 알아보고 발표하기

---

8) 한국교육과정평가원 교수-학습개발센터(http://classroom.kice.re.kr)의 중학교 국어 창의적 재량활동에서 제공하는 학습지도안 사례

차시	교재	자료	활동
2	광고이론 (1)		광고이론(헤드라인, 서브헤드라인, 본문, 슬로건) 배우기 광고기획사 차리기: 모둠구성, 이름짓기
3	광고이론 (2)	광고기획 1차 회의록	제품선정, 제품이름 및 주 공략대상 정하기 광고 만들기의 전체 진행과정 배우기
4~5	광고 만들기	광고기획 2차, 3차 회의록	광고 만들기(4절, 인쇄 매체용으로 작성) 카피 쓰기, 디자인하기
6		광고시사회 평가표	광고 시사회

(2) 활동사례

① 1차시: 광고, 우리도 할 수 있어요

1차시 수업은 100여 년 전 신문에 실렸던 광고들이 무엇을 광고하고 있는지 알아맞혀 보는 퀴즈로 시작된다. 광고 내용을 보고 광고하고자 하는 물건이 무엇인지와 더불어 어떤 상황에 대해 광고하는 것인지 학생들이 알아맞히는 것이다. 교안작성교사는 100년 전 광고 알아맞히기는 퀴즈처럼 진행하고, 정답을 맞힌 학생들을 위해 작은 상품을 준비해도 좋다고 제언한다.

100여 년 전 광고 알아맞히기 다음에는 학생들이 각자 가져온 광고를 보면서 광고에 반드시 들어가게 되는 광고요소에 대해 알아본다. 미리 학생들에게 광고물을 준비해 오도록 하고, 만약 광고물을 준비하지 못한 학생들이 있을 경우 책망하는 것으로부터 수업이 시작되면 광고 만들기 단원 전체에 대한 흥미가 반감될 수 있으므로, 교사가 따로 광고를 준비해 가는 것을 지도 유의사항으로 제시하고 있다.

학습활동에 들어가서는 학생들이 광고를 보면서 광고에 반드시 들어가는 것을 두 가지 정도 찾아보도록 한다. 이 활동에서는 따로 정답을 말해 주는 것이 아니라, 학생들이 광고를 보고 찾아낸 것들, 예를 들어, '제품명', '제품의 효용성', '회사명', '제품을 샀을 때 얻게 될 편리함과 이익' 등이 모두 광고의 요소가 된다. 수업 진행상 시간이 남으면, 100년 전 가상광고 만들기나 주막, 대장간, 꽃신, 요강, 호랑이 가죽 등 오늘날에 사라진 물건이나 업소를 광고해 보도록 하는 것을 제안하고 있다.

② 2~3차시: 광고이론

2~3차시는 광고이론에 대해 배우는 시간으로 구성된다. 국어과목의 창의적 재량활동의 일환으로 진행된 수업이어서 광고의 시각적 요소(비주얼, visual)보다는 광고의 내용(카피, copy)을 주로 하여 수업을 진행한다. 먼저 학생들에게 '아내는 여자보다 아름답다.'(프리마), '침대는 가구가 아닙니다. 과학입니다.'(에이스침대) 등의 카피를 소개하면서 광고카피를 만들어 낸 사람들은 광고기획사의 카피라이터(광고의 내용을 쓰는 사람)라고 설명한다. 교안에는 제시되어 있지 않지만, 광고제작팀의 구성과 각 구성원의 역할을 설명해 주어서 모둠 활동 시 학생들이 자신들의 역할을 더 잘 수행해 내도록 하는 것도 좋을 것이다.

광고카피를 소개한 후에는 광고카피의 기본 형식에 대해 살펴보면서, 광고 만들기 시간에 학생들이 창의적인 광고카피를 작성할 수 있도록 도와준다. 광고의 기본형식을 설명할 때는 교실의 컴퓨터에 연결된 대형 모니터에 비교적 광고의 기본 형식에 충실한 실제 광고를 띄워 놓고 설명하도록 권하고 있다.

③ 2~3차시: 광고기획사 구성

광고카피에 대한 학습이 이루어진 후에는 모둠별로 광고기획사를 구성하고 광고제작을 위한 기획회의를 진행하도록 한다. 이 과정에서 광고는 혼자 만드는 것이 아니기 때문에 모둠작업이 필요함을 설명하고 효과적인 활동이 이루어지도록 하는 교사의 안내 역할이 중요하다고 할 수 있다. 모둠을 만들 때는 무작위로 구성할 수도 있지만, 남녀 구성비가 일정하도록 제비뽑기를 하거나 앉은 자리를 중심으로 앞뒤 학생들이 모여 4~5명 정도로 모둠을 구성하는 것도 좋은 방법일 수 있다. 모둠이 구성되면 모둠 이름을 정하는데, 교안작성교사는 마을의 옛말인 '두레'라는 말을 모둠 대신 사용하고 있다. 두레 이름을 정하고 나면, 글쓰기나 말하기를 잘하는 친구는 '광고카피'를, 그림에 소질 있는 친구는 '광고디자인'을, 아이디어가 반짝이는 친구는 '광고기획'을 담당하는 식으로 서로 역할을 정하도록 한다. 역할분담이 끝나고 나면 각 두레별로 자신들의 광고기획사를 소개하는 시간을 갖도록 한다.

④ 2~3차시: 제품 선정 및 제품 이름짓기

광고기획사 소개가 끝나고 나면 광고의 기능인 정보제공 및 설득의 기능에 대해 설명하고 자신들이 만들 제품 선정을 하도록 한다. 이때 학생들이 구성한 두레는 광고기획사이지 제품개발팀이 아니라는 것을 주지시킨다. 학생들은 너무 기발한 신제품을 광고하려는 경향을 보이기도 하는데, 너무 튀는(특성이 분명한) 제품은 광고 만들기를 공부하는 데는 별로 도움이 되지 않는다는 것을 알려주고 일반적으로 흔히 볼 수 있는 제품 중에서 정하도록 지도해야 한다. 예를 들어, 청바지, 휴대전화, 자동차, 화장품 등 일반적인 물건 중 하나를 광고주로부터 의뢰받은 것으로 설정하도록 한다.

제품 선정이 이루어지고 나면, 제품의 이름을 정하는 작업을 한다. 제품의 이름은 생산업체에서 직접 짓거나 이름을 전문적으로 지어 주는 업체에 위탁하여 짓기도 하지만, 학생들의 창의적 표현 능력을 키워 주기 위해 제품의 이름을 직접 지어 보는 시간을 갖도록 하는 것이다. 다만, 제품의 이름을 지을 때는 고려해야 할 사항을 미리 설명해 준다.

⑤ 2~3차시: 주 공략 대상 및 광고 전략 정하기

〈표 Ⅲ-8〉 주 공략 대상 선정 및 광고 전략 수립에 관한 교사 설명

구분		내용
제품별 주 공략 대상 예시	풍선껌	유치원생이나 초등학생
	청바지	10대에서 20대 초반
	가방	20대~30대 여성
교사 설명		기존의 광고를 잘 들여다보면 모든 광고에는 주 공략 대상이 있고, 그들의 기호나 욕망에 근거해 광고를 만든다는 것이 금방 드러납니다. 예를 들어 같은 자동차라 하더라도 중후하고 우아한 중형 세단이라면 광고의 내용은 성공한 40~50대를 겨냥해서 그들의 자부심을 부추기는 것이 대부분이지요. '나만의 제국'이라는 슬로건을 쓰기도 하고, 나무에 오르려는 어린아이를 보고 차에서 내려 번쩍 안아 올려주는 근사한 중년 남성이 광고에 나오기도 하지요. 스포츠와 레저를 즐기는 데 필요한 기능을 지닌 차라면 20대를 겨냥해서 속도를 강조하고, 30대를 겨냥한 준중형 승용차는 단란한 가족의 나들이 모습이 나오는 광고를 만들기도 하지요. 주 공략 대상을 상대로 어떻게 접근해서 설득할 것인가가 광고 전략이 되겠지요.

광고를 만들기에 앞서 제품별로 어떤 고객이 주로 이 제품을 구입할 것인가를 분석하여 주 공략 대상을 정하도록 한다. 예를 들

어 풍선껌은 유치원생이나 초등학생, 청바지는 10대에서 20대 초반, 가방은 20~30대 여성이 주 공략 대상일 수 있다. 그리고 주 공략 대상의 기호를 분석하여 광고 내용을 만들도록 한다.

ⓑ 2~3차시: 카피 쓰기

광고카피 쓰기는 머리글(헤드라인), 본문(바디카피), 슬로건 쓰기 등으로 구분하여 지도할 수 있다. 교사는 각 형식에 따른 교사설명과 광고카피 작성 시 고려사항에 대해 학생들이 숙지할 수 있도록 지도한다.

교사의 설명이 끝나고 나면 두레별 활동사항에 대해 설명해 준다. 제품을 정하고 제품 이름을 지은 뒤 주 공략 대상과 광고 전략을 정하는 것까지 토의하고 토의 내용을 회의록에 기록한다. 회의록 기록은 우선 나온 의견들을 자세히 기록하고, 그중에서 결정된 의견을 밑에 정리하도록 한다. 교안작성교사는 두레별 활동에 앞서 학생들에게 토의 과정과 광고 제작 과정도 평가의 대상임을 미리 알려 주어야 모둠 안의 일부 재주 있는 아이들에게 나머지 아이들이 의존하는 경향을 예방할 수 있다고 제언한다. 또한 제출된 회의록, 광고 제작과 시사회 준비과정, 최종 제출된 창작광고를 모두 평가 자료로 삼도록 해야 한다. 광고기획 회의 내용을 기록하는 회의록은 <그림 Ⅲ-3>과 같다.

<그림 Ⅲ-3> 광고기획 회의록

( ) 광고기획사 광고기획 1차 회의록
년   월   일   참가자: ○ ○ ○

♣ 어떤 제품을 광고할까?
나온 의견들 :

결정된 제품 :

♣ 주 공략 대상은 누구?
나온 의견들 :

결정된 내용 :

♣ 광고 전략을 어떻게 할까?
나온 의견들 :

결정된 의견 :

⑦ 4~5차시: 광고 만들기

4~5차시는 광고카피를 작성하고 디자인 작업을 하여 직접 광고를 만들어 보는 시간이다. 앞서 배운 광고의 기본형식 중 반드시 헤드라인과 바디카피, 슬로건을 기본적으로 갖추어 쓰도록 지도한

다. 경우에 따라서는 광고디자인팀과 카피작성팀으로 모둠 안에서 역할 분담을 하여 진행하도록 할 수도 있다. 하지만 비주얼(시각적 요소)과 카피(내용)는 서로 긴밀해야 하므로 반드시 기획 회의를 함께 한 후에 역할을 나누도록 지도해야 한다. 그리고 비주얼(광고의 시각적 요소)은 그림, 사진, 만화, 콜라주, 마블링 등 활용가능한 모든 미술 기법을 활용하여 작성할 수 있도록 지도한다. 광고를 다 만들면 광고 시사회가 다음 시간에 열릴 것임을 예고해 준다.

학생들이 광고를 만드는 동안 교사는 두레를 순회하면서 구체적인 제작 과정을 유심히 지켜보고 평가를 하거나, 학생들의 질문에 답해 주는 정도로만 학생들의 활동에 개입하는 것이 바람직하다. 교안작성교사는 만약 가능하다면 광고 만들기는 국어 교과와 미술 교과가 통합교과 식으로 가르치는 것이 가장 이상적이라고 설명하는데, 이는 국어교사는 카피 쓰기는 어느 정도 지도할 수 있는데, 광고디자인 분야는 거의 학생들의 역량에 맡기는 경우가 많을 수 있기 때문이라고 설명한다.

⑧ 6차시: 광고 시사회

마지막 6차시 수업은 광고 시사회로 진행된다. 광고 시사회는 우수 광고에 '광고 대상'을 주도록 하는 것도 학생들의 참여도를 높일 수 있는 방법이 될 것이다. 각 광고기획사가 어떤 제품에 왜 이런 이름을 붙였는지, 주 공략 대상은 누구이며 어떤 전략을 택했는지 설명하는 것이다. 학생들이 인쇄 매체용 광고를 만들었지만 방송광고로 꾸며서 광고 시사회 때 함께 발표하게 할 수도 있을 것이다.

광고 시사회를 진행하면서 학생들은 다른 두레에서 발표한 광고에 대해 평가하고, 교안작성교사는 광고는 물론, 토의공책, 시사회 발표에 대한 평가를 실시한다. 시사회가 끝나고 창작광고를 제출할 때는 광고를 만들며 어려웠던 점, 재미있었던 점, 느낀 점, '광고'에 대한 평소의 생각과 광고수업 후 바뀐 생각 등을 내용으로 하는 개인별 소감문을 써서 함께 제출하도록 지도한다.

〈그림 Ⅲ-4〉 학생들이 만든 광고 예

제품명	FOR YOU (립스틱)
소 속	1학년 2반 청실홍실 두레
참여자	이순정, 허주희, 방병석, 김태환

2) 광고활용교육 사례 2: 도덕과 교육

두 번째 광고활용교육 사례는 중학교 도덕 교과에 활용된 사례로,9) 2학년 'Ⅲ-3. 사회적 도덕 문제의 등장과 해결' 단원에 적용되었다.

(1) 학습 목표 및 수업 전개 계획

교안작성교사는 이 단원의 학습목표를 '사회적 도덕 문제의 등장과 해결' 단원의 학습목표는 다양한 사회적 도덕 문제의 바람직한 해결을 위한 노력을 공익광고로 표현하여, 사고력, 창의력, 문제해결능력을 키우고 스스로 그 실천 의미를 가꾸는 것으로 설정하였다.

구체적인 수업 전개 계획을 살펴보면, 먼저 1차시에는 사회적 도덕 문제의 등장과 해결에 대한 토의학습 전개로, 학생 발표, 상호간 토론 전개, 발표 내용에 대한 질의응답, 교사의 보충 설명 및 정리로 이루어진다. 학생들이 토론에 참여한 경우에는 실기 평가에 반영토록 하여 토론참여 의지를 북돋는다.

2차시는 공익광고 만들기 시간으로 공익광고의 교육적, 상업적 의의를 설명하고, 전체적인 학습과정과 유의사항을 협의하며, 잘된 작품을 보고 흥미와 관심을 갖도록 하며, 두레를 편성하여 공익광고를 제작하도록 지도한다.

---

9) 이 사례는 즐거운 학교(www.njoyschool.net)의 MIE 클럽에 대전 문지중학교 승광은 선생님의 수업사례로 소개되었으며, 본래는 공익광고 및 노래극 만들기로 전체 5차시로 구성되어 있으나 본 장에서는 공익광고 만들기 부분만을 소개하면서 3차시로 재구성하였다.

3차시 공익광고 발표 및 평가에서는 두레별로 제작된 공익광고를 발표하고 평가하는 시간으로, 개인별 평가보고 및 작품 비평시간으로 구성된다. 작품비평에서는 다른 두레의 작품에 대한 잘된 점, 아쉬운 점 등에 대한 의견을 나누고 어떤 노력들이 더 필요한지 등에 관한 제안을 한다.

(2) 공익광고를 활용한 두레활동 목표 및 특징

교안작성교사는 사회적 도덕 문제 학습에 공익광고를 도입한 이유를 다음과 같이 설명하고 있다.

> ○ 첫째, 좀 더 다양한 학생 중심의 수업 모형의 개발 필요성 대두
> ○ 둘째, 도덕 수업의 딱딱한 선입견을 없애고, 즐겁고 재미있는 수업 모형의 개발 필요
> ○ 셋째, 21세기 정보화 사회의 정보 매체인 만화와 그림이 학생들에게 신선한 수업 방식으로 받아들여지고 있고, 도덕적 의미를 스스로 탐구하고, 창조할 수 있는 대상이라는 점
> ○ 넷째, 학생들이 두레 활동을 통해 서로의 인간관계를 원만히 가꾸고, 협력을 통해 문제 해결의 능력을 키우며, 창조적인 즐거움을 얻는 교육적 효과가 매우 높다는 점

또한, 사회적 도덕 문제의 등장과 해결을 위한 학생들의 관심과 노력은 요즘 아이들의 정서상 부족함이 많이 있을 수 있음을 예상하면서, 대중 매체의 특성에 익숙해져 있는 학생들에게 광고가 주는 흡인력과 영향력을 고려하여 공익광고를 두레활동에 이용함으로써 자연스럽게 사회적 도덕 문제에 관심을 갖고 그의 바람직한

해결책을 함께 모색해 보며 실천적 참여를 유도함으로써 수업 목표를 효과적으로 달성하고자 하는 데 그 목표를 두고 있다. 이러한 목표에 따라 교사는 공익광고를 활용한 수업의 의의와 방법을 학생들에게 설명하고, 실제 모든 수업 과정은 두레별로 학생들 스스로 해결해 나가는 방식으로 이루어진다. 물론 수업 안내문과 평가 보고서 등의 준비는 교사가 미리 마련하지만, 교사는 조정자, 협조자로서의 역할을 수행하며, 아이들 스스로 서로 협력해 가는 가운데 주제를 선정하고, 카피를 짜고, 그림을 그리고, 발표 및 평가하는 전 과정이 학생 중심으로 이루어지므로 아이들은 많은 시간과 노력을 투자해야 한다. 이러한 수업을 통해 학생들은 대단한 적극성을 보이며, 즐거움을 만들어 가는 것을 확인할 수 있었다.

(3) 실기평가 안내

사회적 도덕 문제를 주제로 하는 '공익광고 만들기' 수업은 다양한 사회적 도덕 문제의 바람직한 해결을 위한 노력을 공익광고로 표현하여 사고력과 창의력, 문제해결능력을 키우며, 스스로 그 실천 의미를 가꾸는 것을 학습목표로 한다. 실기평가 학습과정은 ① 학습과정 안내, ② 공익광고 그리기, ③ 발표 및 평가로 이루어진다. 발표 및 평가 단계에서는 주제 선정, 광고 표현, 공익광고 제작 도덕 수업에 참여해 본 후의 자신의 소감, 수업을 위해 바람직한 제안 등을 내용으로 하는 수업 평가 보고서를 작성하도록 한다.

〈표 Ⅲ-9〉 공익광고 만들기 실기 평가 학습과정 및 유의사항

구분	내용
학습과정 안내	① 공익광고의 교육적, 상업적 의의를 예를 들고 ② 전체적인 학습 과정과 유의 사항을 협의하며 ③ 잘된 작품을 보고, 흥미와 관심을 가져 보고 ④ 두레 편성한다.
공익광고 그리기	① 주제 정하기 → ② 콘티 짜기 → ③ 화면 구성하기 → ④ 카피 짜기 → ⑤ 그림 그리기 ※유의 사항 ③항까지는 연필로 밑그림 하고, 카피를 먼저 넣는다. 그다음 인물을 그리고, 불필요한 것은 과감히 생략한다. 말은 다듬어서 짧고, 재미있게 넣되, 속어나 비어보다는 다듬어 세련되게 한다. 칸은 규격화하는 것보다 다양하게 화면 구성하는 것이 보기 좋다. 색은 흑백을 기준으로 하고, 칼라는 2-3도 정도로 하며, 산뜻하고 밝은 색을 주로 사용한다. 작품은 켄트지나 전지에 그리고, 작품을 완성하지 못한 경우는 다음 시간까지 그려 온다.
발표 및 평가	개인별 평가보고서 작성: 준비된 평가보고서의 문항에 대해 자신의 생각을 솔직히 적는다. 감상 나누기: 공익광고를 감상하고, 직접 참여해 활동한 자신의 느낌을 발표해 본다. 작품 비평해 보기: 학급원들의 작품에 대한 잘된 점, 아쉬운 점 등에 대한 의견을 나누고, 다음에는 어떤 노력이 필요한지 등에 관한 제안 등을 해 본다.

〈그림 Ⅲ-5〉 수업 평가 보고서

<u>수업 평가 보고서</u>

(   )학년 (   )반 (   )번 성명: ___________________

두레이름: ____

주제: ____

구분	내용
·주제 선정은 잘 되었는가?	
·주제에 대한 공익광고 그리기는 잘 되었는가?	
·공익광고 제작 도덕 수업에 참여해 본 후의 자신의 소감을 적어 본다면?	
·본 수업의 문제점이 있다면 어떤 점들이 있으며, 보다 나은 수업을 위해 바람직한 제안이 있다면 적어 주십시오.	

5. 해외 광고활용교육 관련 인프라

광고활용교육의 다양한 순기능과 학교교육에서의 활용도에도 불구하고 실질적인 방안이 강구되지 못하는 이유 중 하나는 산업과 학교가 연계되지 못하는 데 있다. 따라서 광고활용교육을 활성화하기 위해 우선 필요한 것은 광고업계와 교육계를 연결하는 인프라를 구축하는 일이다. 광고활용교육 시스템 개발을 위해서는 관련분야를 아우르는 광고활용교육 인프라를 구축하는 일이 선결되어야 하며, 이와 관련하여 우리에게 시사점을 주는 해외 미디어교육, 특히 광고활용교육과 직접 또는 간접으로 관련 있는 인프라에 관심을 가질 필요가 있다. 여기서는 미국광고연맹과 광고교육재단, 광고연구재단, 영국의 광고교육포럼, 네덜란드의 광고와 마케팅교육재단, 호주의 광고회사협회를 살펴보고 최근에 관련 활동으로 전개된 캠페인으로 영국과 유럽의 미디어 스마트(Media Smart), 캐나다의 CCA(Concerned Children's Advertising), 뉴질랜드의 윌리 먼치라이트(Willie Mucnhright) 프로그램을 소개하고 이를 통해 광고활용교육에의 적용가능성을 살펴보고자 한다.

1) 미국광고연맹

미국광고연맹 AAF(American Advertising Federation)는 광고 산업 육성을 위한 광고계의 대표적 기관으로 한국광고단체연합회(KFAA: Korea Federation of Advertising Associations)와 유사한 기관이다.

AAF의 115개 회원사들은 광고, 광고회사, 광고 미디어 회사들로 구성되어 있으며, 광고계와 학계를 연결하는 역할을 하고 있다.

AAF의 주요 활동 중에 하나는 광고자율규제활동이다. AAF는 1911년에 '광고의 진실화'를 제창하고 허위광고 및 과장광고를 추방하기 위한 조직적인 운동을 전개하는 데 앞장서 왔다. 1971년에는 미국광고주협회(ANA), 미국광고업협회(AAAA), 경영개선협회 이사회(The Council of Better Business Bureau)와 공동으로 전국광고 심의기구(National Advertising Review Council: NARC)를 설립하여 운영하고 있다. 또한 연맹위원들로 구성된 자율위원회를 통해 광고의 질적 수준 향상과 허위·기만광고의 방지를 위한 법률제정을 추구하고 필요한 경우 부정 광고업자를 고발하는 일까지 담당하고 있다.

NARC는 두 개의 활동기관으로 전국광고국(National Advertising Division: NAD)과 전국광고심의위원회(National Advertising Review Board: NARB)를 설치, 2단계(복심제)의 중앙자율기구를 운영하고 있는데, NAD는 경쟁업자나 소비자 등 여러 곳으로부터 제기되는 전국적 광고에 대한 불평이나 진실성에 관한 문의를 접수하여 처리하는 한편, 방송광고와 인쇄광고를 조직적으로 모니터하여 허위, 오도적 광고 또는 광고에서 주장하는 내용의 진실성 여부를 심의 결정한다.

AAF는 또한 광고에 관심과 재능이 있는 광고관련 학과 학생 혹은 교양과목 대학 학생들을 위해 광고학업 성취를 북돋고 예비광고인들의 채용기회를 확대하기 위한 행사로 대학생광고경진대회(AAF, NSAC: National Student Advertising Competition)를 개최하고 있다. NSAC는 미국에서 1973년부터 개최되어 30년 이상의 역사를 자랑하며, 매년 150여 개 대학 3000명 이상이 참가하고 있다. 이 공모전은 지도교수 중심의 학습 프로그램으로 운영, 각 대학 광고관련 학과 대회와 연계한 수업개설과 운영을 통해 광고업계 진출의 등용문으로 자리 매김하고 있다. 매년 미국 전 지역에서 예선을 거쳐 본선까지 실시되고 있으며, 예비광고인들이 광고관련 산업으로의 진출을 위해서 반드시 거쳐야 할 중요한 제도적 관문역할을 하고 있다. 심지어 출전기회를 대학생활 중 2번으로 한정하고, 학업평점 기준을 넘는 학생만이 참가할 수 있게 하는 등 엄격한 관리를 하고 있다. 우리나라에서도 NSAC를 모델로 2005년부터 '대한민국대학생광고경진대회(KOSAC: Korea Student Advertising Competition)'라는 행사를 개회하고 있다. 이는 광고계 전체 차원의 제도적 축제행사이며, 광고관련 산업으로 진출하고자 하는 학생들에게 더 많은 취업 기회를 제공하기 위해 마련된 국내 광고산업 최대의 산학협동 프로그램이다.

2) 미국 광고교육재단

미국 광고교육재단 AEF(Advertising Educational Foundation)는 광고의 사회적, 경제적 역할에 대한 이해 증진을 위해 교육적인 정보와 자료를 저장하고 분배하는 광고 지식의 교환소 역할을 담당하고 있다. AEF는 1983년 광고주, 광고대행사, 매체사의 공동출자로 창립된 비영리 단체로, 광고와 마케팅 분야를 전공하는 학생과 교수는 물론 이 분야에 관심을 갖는 모든 이들에게 캠퍼스와 온라인을 통해 광고 산업 전반의 정보를 제공해 주는 가장 전문적인 광고교육기관이라고 할 수 있다.

AEF의 회원사들은 미국 사회 내에서 광고야말로 가장 생동적이고 시각적 효과가 크다는 점을 인식하고 있으며, 이로 인해 미국인들의 사회적, 경제적 삶에 있어 공헌할 수 있고 현실적인 이해를 구할 수 있는 광고 제작에 많은 관심을 갖고 있다.

AEF는 다양한 미국 광고계와 학계의 산학연 프로그램을 실시하고 있다. 대표적 프로그램은 VPP(Visiting Professor Program, 2006.7.7~28)와 Inside Advertising Speaker Program(대학현장 광고미디어 활용교육), Advertising week 심포지엄 등을 들 수 있다.

광고교육재단의 스폰서는 광고주의 경우 'The Coca-Cola Company', 'Ford Motor Company', 'Johnson & Johnson', 'Kraft Inc', 'Philip Morris Inc' 등 미국 굴지의 기업들이 포진해 있고, 광고대행사의 경우 'Leo Burnett Company', 'Ogilvy & Mather', 'Saatchi & Saatchi', 'J. Walter Thompson' 등이 속해 있다.

3) 미국 광고연구재단

미국 광고연구재단 ARF(Advertising Research Foundation)는 광고와 마케팅 커뮤니케이션의 효율적 집행을 위해 활발한 연구 활동을 펼치고 있다. ARF는 1936년 미국 광고주협회와 광고업협회에 의해 설립된 비영리 단체로 광고와 마케팅, 미디어 연구 분야에 있어 가장 전문적인 기관이라고 할 수 있다. 또한 각종 광고관련 기구의 가이드라인과 기준을 개발하고 전문적인 지식과 연구 결과를 공유하는 역할을 하고 있으며, 광고주, 광고회사, 매체사, 교육 기관, 대학, 연구단체들로 구성된 약 400개가 넘는 회원사들을 대표하고 있다.

이 재단의 연구활동은 회원사들의 주요 관심사를 중심으로 행해지며 연구 분야별로 연구회의(Council)가 구성되어 있다. 대표적으로 광고와 프로모션, 크리에이티브 개발 , 신문·잡지·라디오 연구, 시장 연구, 질적·양적 조사방법 개발, 전자매체연구 등 14개 연구 회의가 있으며, Council Activities 메뉴에서 이에 대해 간단하게 소개하고 있다. 또한 Benefits of Membership에는 ARF의 소개와 회원사의 혜택에 대한 내용으로 관련 회사 및 단체들의 참여를 권유하는 내용을 담고 있다.

이 재단은 격월간지인 Journal of Advertising Research(JAR) 등 각종 발간물을 내고 있으며, 회원사들과 의견 및 정보를 공유하면서 체계적이고 전문적인 연구와 지원활동을 펼치고 있다.

4) 영국 광고교육포럼

영국 런던 소재의 광고교육포럼 AEF(Advertising Education Forum)는 민간이 운영하는 비영리기구로, 미디어교육의 본고장이라고 할 수 있는 영국의 대표적인 광고교육 관련기관이다. AEF는 광고와 어린이라는 이슈에 대한 정보를 제공하기 위해 1999년 11월에 설립되었으며, 1년 예산은 27만 달러에 달한다. 스웨덴의 소비자 옴부즈만인 엑셀 에드링(Axel Edling)도 AEF 멤버 중 하나이며, 코카콜라 유럽, 켈로그 유럽, 다농(Danone), 세계광고주연맹(WFA), 오길비 앤 마더 월드 와이드, 드 아키 마이시어스 벤톤 앤 보울리즈(D'Arcy Masius Benton & Bowles), 터너 브로드캐스팅 시스템 유럽(Turner Broadcasting System Europe) 그리고 영국스카이방송(British

Sky Broadcasting) 등이 설립자와 활동자금 모금에 참여하였다. AEF 에서 실시하는 광고관련 조사에는 조사의 신뢰도를 높이기 위해 유럽의 대학 및 연구소들이 참여하는 자문위원회도 발족되었다.

AEF에서는 어린이 및 청소년을 위한 다양한 광고 미디어교육 프로그램과 데이터베이스를 제공한다. 특히, 보호적 관점에서의 어린이에 대한 관심과 더불어 미디어교육을 위한 데이터베이스 및 프로그램 등을 통해 올바른 광고활용 미디어교육 모델을 제시하고 있다.

5) 네덜란드 광고와 마케팅 교육재단

네덜란드의 광고교육을 선도하고 있는 광고와 마케팅 교육재단 SRM(Stichting Reclame en Marketinggonderwijs)은 광고인 양성과 재교육을 위해 1955년에 네덜란드 광고주협회(BVA), 네덜란드 광고회사협회(VEA), 네덜란드 광고협회(GVR), 네덜란드 잡지협회(NOTU), 네덜란드 신문협회(NDP) 등 5개 광고관련 협회가 공동으로 설립한 광고교육기관이다. SRM은 사설 교육기관이지만 네덜란드에서 가장 오래된 광고교육전문기관으로, 국제광고협회(IAA) 광고교육본부의 아이디어가 SRM에서 나왔다는 것에 대해 상당한 자부심을 가지고 있다. 또 네덜란드의 광고단체들이 인정하는 기관이라는 점에서 실질적으로 네덜란드의 광고교육을 선도하고 있다고 할 수 있다.

SRM은 광고교육에서 실무능력의 향상이라는 점을 강조하고 있다. 이를 위해 SRM의 교육과정은 일반교육, 워크샵과 트레이닝,

회사 방문교육(Tailor-Made in Company Project) 등 세 가지의 교육과정을 개설하고 있다.

SRM에서 개설되는 과정의 각 과목은 광고와 마케팅 분야의 오랜 실무경험을 갖춘 전문가가 중심이 되어 강의를 이끌어 가고 있다. 분야별로 필요한 과목은 대학교수와 법률가 등에게 강의를 위임하기도 한다. 광고와 마케팅 분야의 강의는 최소한 현업 경력 15년 이상의 전문가를 중심으로 이루어지고 있다.

SRM의 입학자격은 각 과정마다 다르게 설정되어 있다. 교육과정은 고등학교 졸업 이상의 사람이면 누구나 지원할 수 있도록 되어 있다. 그러나 실제로는 광고회사 등에 재직하고 있는 광고인들이 많이 등록하고 있다. 따라서 SRM은 교육과정을 두 단계로 구분하여 현직 광고인을 위한 재교육 과정과 광고인 양성을 위한 교육과정을 분리하여 운영한다. 워크숍과 트레이닝 과정은 현직 광고인에게 자격이 주어진다. 주로 광고경력이 10년 이상인 광고인을 대상으로 이루어지고, 가능한 한 광고회사, 광고주, 광고매체사 또는 정부기관 등의 광고관련 업무 담당자들을 한 과정에 편성하여 상대방의 입장을 이해할 수 있도록 하고 관련인들 사이의 인간관계의 개선도 간접적으로 도모할 수 있도록 과정을 운영하고 있다. 회사방문 교육은 SRM에 방문교육을 요청하는 기관에 따라 교육과정이 계획되므로 SRM이 자격을 규정하는 것은 없다.

SRM의 교육 과정을 졸업했다는 것이 졸업생들에게 공식적으로 어떠한 자격을 부여하거나 특혜를 주는 것은 없다. 그렇더라도 네덜란드 광고업계에서는 SRM의 교육 과정을 졸업한 사람에 대해 해당과정의 지식을 가지고 있다고 인정해 준다. 이런 간접적 보상보다 SRM의 교육을 이수한 사람이 받는 혜택은, 자신의 업무에 대한 전문 지식과 업무 처리 능력의 향상이라고 말할 수 있다.

6) 호주 광고회사협회

호주의 광고회사협회 AFA(Advertising Federation of Australia)는 호주의 많은 광고회사들을 대표한 광고회사 이익단체로 1974년에 설립되었다. AFA는 74개의 광고회사와 그들의 지사 127개의 회비로 운영되고 있다. 이 협회 회원들은 호주의 총 매체비용의 80%인 43억 5,000호주달러를 담당하고 있다.

AFA는 새로운 세대를 위한 교육을 가장 중요시한다. 1990년에 Adshcool이라 명명된 광고학교를 설립하였으며, University of Technology 산하의 Insearch Institute of Commerce에 운영권을 맡기고 있다. Adschool은 호주의 뉴사우스웨일즈(NSW), 빅토리아, 사우스오스트레일리아 그리고 웨스턴오스트레일리아에 있으며 10개 과목을 이수하여야 하는 2년 기간의 학위과정(Certificate course)이다. 이 과정은 광고회사, 매체 혹은 광고산업조직체에서 일하는 젊은 사람들을 위해 현장에서 일하는 사람들이 고안하였고 또한 이들이 그들을 가르친다. NSW와 빅토리아에 있는 이 학교에는 협회의 '피교육자 과정'(AFA Trainee Scheme)이 있는데 이 과정은 매해 9개월간 광고회사에서 월급과 함께 훈련을 받을 수 있는 여러 명의 후보자를 뽑는다. 빅토리아에서의 이 과정은 카피라이터 분야에서 일하는 사람들에게도 적용시키고 있다. 이러한 후보자의 자격은 26세 이하이어야 하며 학위나 2년간의 실무경험이 있어야 한다. 퀸즈랜드에 있는 이 학교의 'QUT(Queensland University of Technology) Graduate of the Year Scheme'은 광고학을 전공한 기업 커뮤니케이션 3년 학위과정을 마친 최우수 학생들에게도 이 과정에 참여할 자격을 부여하고 있다. 'QUT Graduate of the Year Scheme'에 참가하는 학생들은 6개의 이 협회 회원 광고회사에서 1년간 일

할 기회를 부여받는다.

7) 캐나다 CCA

CCA(Concerned Children's Advertising)는 1990년 캐나다에서 코카콜라, 맥도날드, 켈로그, 네슬레와 같은 기업들이 설립한 비영리 단체이다. 15년 이상, 약물중독이나 자신감 회복, 왕따현상과 같은 다양한 문제를 미디어교육을 통해 해결하려 노력해 왔다. 위의 문제를 주제로 기금에서 지원된 TV시간대에 프로그램을 제작하여 방영하였는데 대표적으로 'TV와 나'를 학교와 집에서 시청할 수 있도록 하였다. 이 단체는 접종이론(Inoculation Theory)의 관점에서 직간접으로 노출되는 미디어를 해석하고 대응하는 데 도움을 주고자 하였다.

8) 영국 및 유럽 AEF 미디어 스마트

영국에서 시작된 미디어 스마트(Media Smart)는 미디어 리터러시 프로그램으로 특별히 광고에 관심을 두었다. CCA와 같은 관점에서 청소년들에게 미디어를 통해 접하게 되는 메시지를 비판적으로 받아들일 수 있는 능력을 갖도록 주력하였다. 몇몇 사례는 CCA를 참조하기도 하였으며, 영국 초등학교의 20%, 목표공중의 40%가 캠페인에 참여하였다. 이 프로그램은 독일과 네덜란드, 벨기에 등 유럽 국가들에도 확대되어 전개되기도 하였다. 미디어 스마트는 영국의 커뮤니케이션 정책을 결정하는 OFCOM(Office of Communication)의 2003 커뮤니케이션법에 "어린이로 하여금 정보의 선택을 돕고, 교육과정에서 미디어 리터러시를 향상하도록" 영향을 미쳤다.

9) 뉴질랜드 윌리 먼치라이트

뉴질랜드의 윌리 먼치라이트(Williy Munchright) 프로그램 역시 제공된 TV시간에 프로그램을 제작해 방송하였다. 만화 캐릭터를 통해 시리즈로 제작된 광고를 내보냈는데, 어린이들에게 영양을 증진할 수 있는 방법을 제시하고 건강한 먹을거리에 대해 교육하였다. 캐릭터로 1992년부터 미국에서 사용된 맥도날드의 캐릭터를 참고하였는데, 호주 발음을 택하고 기존 맥도날드 캐릭터를 연상하지 못하게 구성되었다. 미디어와 광고에 대한 이해를 배경이론 차원에서 다뤘다는 장점에도 불구하고 기존 CCA나 미디어 스마트와는 달리 공식적인 교육시스템을 통하지 않았으며 강력한 철학적인 입장이 제시되지 않았다는 단점이 제기되기도 하였다.

우리나라에서 광고활용교육에 대한 연구를 하는 것은 아직 개발되지 않은 영역을 개척하는 것이라고 할 수 있다. 국내외의 광고교육활용과 관련된 연구와 관련 기관의 활동 등에 관해 탐색해 보았을 때 아직 광고활용교육을 위한 광고활용교육 모델 개발을 위한 연구가 절실하다고 볼 수 있다. 특히 해외사례에서 살펴본 것과 같이 광고산업을 조성하고 있는 광고주와 광고회사, 광고매체사들의 능동적인 참여가 절실하며 이들이 공익차원으로 출연한 기금을 통해 시스템을 구성하는 일이 우선되어야 함을 알 수 있었다. 이 시스템은 광고활용교육을 위한 연구와 지원을 수행할 기구가 만들어지고 이를 통한 다양한 캠페인과 프로그램이 전개될 수 있었다. 위와 같은 광고 조성기관뿐만 아니라 광고 규제기관으로 다양한 정부기구 및 비정부기구의 참여도 필요하다. 이는 기존의 광고를 통제하고 규제하는 고답적인 대립관계에서 벗어나 광고의 가치를 변화된 미디어 환경에서 순기능을 발휘할 수 있도록 선순환할 수 있는 협조관계가 절실하다. 이와 같은 활동의 핵심대상은 공통적으로 다음세대를 살아갈 청소년이 대상임은 알 수 있었는데, 광고활용교육 역시 청소년을 대상으로 우선적으로 학교교육에서 실시되어야 함을 확인할 수 있었다.

Ⅳ. 광고활용교육 현황 조사

1. 조사 배경 및 목적

광고활용교육은 미디어교육(MIE)과 신문활용교육(NIE)을 아이디어로 등장하여 현재는 교육적 기능 및 효용성에 관한 논의가 활성화되고 있는 단계로, 미디어교육과 신문활용교육 분야의 연구가 상당한 성과를 이룬 것과는 달리, 광고활용교육에 관한 연구는 현황 및 목표에 관한 연구조차 부족한 실정이다. 따라서 광고활용교육의 활성화를 위해서는 가장 먼저 현재 학교에서의 광고활용교육 실태 및 실제적 요구사항들을 파악하고 이를 반영하여 교수학습법으로 발전시키기 위한 노력이 이루어져야 할 것이다. 따라서 본 연구에서는 초·중·고등학교 교사를 대상으로 정규 교육과정에서 실시되고 있는 광고활용교육 형태, 내용, 교육시간, 담당 및 실시교사, 교재 및 교안, 교육자료, 기자재 현황 등에 대한 실태 파악을 목적으로 하는 광고활용교육 현황 조사를 실시하였다.

현황 조사는 한국광고단체연합회의 광고활용교육 교사연수프로그램 참여교사 및 광고활용교육 교재 신청 교사를 대상으로 하였다. 조사대상자를 연구 프로그램 참여교사 및 광고활용 교육 교재 신청 교사를 대상으로 한 것은 광고활용교육이 활성화되지 않은 시점에서, 전국의 초·중·고등학교 가운데 광고활용교육을 시행하거나, 이에 관심을 두고 준비하고 있는 학교를 대상으로 하여 실제적인 요구 사항 및 초기 시행에서의 어려움 등을 파악하고자 하는 목적에 적합하다고 판단하였기 때문이다.

설문조사는 2007년 8월 7일부터 9월 16일 사이에 오프라인과 온라인 설문을 병행하여 실시되었으며, 수집된 174부의 응답 가운데 응답이 불성실하거나 완성되지 않은 12부를 제외하고 총 162부가 최종분석에 사용되었다. 설문분석을 위해 SPSS 13.0을 이용하였으며, 각 항목에 대하여 전체 응답에 대한 분석과 초·중·고등학교별 교차분석을 실시하였다.

2. 응답자 속성

응답자 속성을 살펴보면, 남자 36명(22.2%), 여자 126명(77.8%)으로 평균 연령은 36.19세(표준편차 8.66)로 나타났다. 연령별 분포에 있어서는 남자는 35세 이상~40세 미만이 30.56%로 가장 많았으며, 여자는 26세 이상~30세 미만이 30.16%로 가장 많은 것으로 나타났다.

〈표 Ⅳ-1〉 응답자 연령 분포

구분	남		여		소계	
	빈도	%	빈도	%	빈도	%
~ 25세 미만	0	0.00	5	3.97	5	3.09
26세 이상 ~ 30세 미만	6	16.67	38	30.16	44	27.16
30세 이상 ~ 35세 미만	6	16.67	27	21.43	33	20.37
35세 이상 ~ 40세 미만	11	30.56	13	10.32	24	14.81
40세 이상 ~ 45세 미만	4	11.11	19	15.08	23	14.20
45세 이상 50세 미만	6	16.67	10	7.94	16	9.88
50세 이상 ~	3	8.33	14	11.11	17	10.49
평균		38.14		35.63		36.19
표준편차		7.58		8.89		8.66
합계		36		126		162

교직재직기간은 평균 12.11년(표준편차 8.35)으로, 남자는 13.38년(표준편차 7.40), 여자는 11.75년(표준편차 8.60)으로 나타났다. 남녀 모두 5년 이상~10년 미만이 가장 높은 분포를 나타냈다.

〈표 Ⅳ-2〉 응답자 재직기간 분포

재직기간	남	여	합계
~ 5년 미만	3	25	28
5년 이상 ~ 10년 미만	9	44	53
10년 이상 ~ 15년 미만	9	14	23
15년 이상 ~ 20년 미만	8	18	26
20년 이상 ~ 25년 미만	5	10	15
25년 이상 ~ 30년 미만	0	10	10
30년 이상 ~ 35년 미만	2	4	6
35년 이상 ~	0	1	1
평 균	13.38	11.75	
표준편차	7.40	8.60	
합 계	36	126	162

응답자가 근무하는 학교를 기준으로 한 지역별 분포를 살펴보면 서울이 79명(48.8%)으로 가장 높게 나타났으며, 다음으로 인천·경기 55명(33.9%), 부산·대구·경상 16명(9.9%)으로 나타났다.

〈표 Ⅳ-3〉 응답자 소속 학교 지역별 분포

지역	빈도	%
서 울	79	48.8
인천·경기	55	33.9
강 원	5	3.1
충 청	6	3.7
전 라	1	.6
부산·대구·경상	16	9.9
합 계	162	100.0

 응답자들의 소속 학교를 초·중·고등학교로 구분하여 살펴보면, 초등학교 66명(40.8%), 중학교 43명(26.5%), 고등학교 53명(32.8%)으로 나타났다. 공립학교와 사립학교의 구분에 있어서는 초등학교와 중학교에서는 공립학교의 비율이 월등히 높게 나타났고, 고등학교에서는 큰 차이를 나타내지는 않았다. 고등학교에서의 공립학교와 사립학교 비율이 초·중·고등학교에서의 비율보다 상대적으로 높게 나타난 것은 실업계 고등학교에서 광고가 정식 교과 과정으로 편성된 점과 특성화 교육 등의 이유로 광고교육에 관한 관심이 상대적으로 높은 것에 기인한다고 추론할 수 있다.

<표 Ⅳ-4> 응답자 소속학교 분포

설립형태			빈도	%	소계
초등학교	공립		63	38.9	66
	사립		3	1.9	(40.8%)
중학교	공립		39	24.1	43
	사립		4	2.5	(26.5%)
고등학교	공립	인문계	21	13.0	53
		실업계	11	6.8	(32.8%)
	사립	인문계	11	6.8	
		실업계	10	6.2	
합계			162	100.0	

3. 조사 결과

1) 광고활용교육 시작연도

광고활용교육을 시작한 시기를 살펴보면, 1988년부터 시작하여 최근 2~3년 사이에 널리 확산되고 있음을 알 수 있었다. 초·중·고등학교별 분포를 살펴보면, 고등학교에서 광고활용교육의 도입이 먼저 이루어졌고, 점차 중학교 및 초등학교로 확산되었음을 짐작할 수 있다.

〈표 Ⅳ-5〉 초·중·고등학교별 광고활용교육 시작연도

년도	초등학교	중학교	고등학교	전체
1988			1	1
1990			1	1
1995			1	1
1996			2	2
1997		1	4	5
1998	3		1	4
2000	5	7	2	14
2001	1	1	1	3
2002	8	2	2	12
2003	4	7	9	20
2004	9	7	10	26
2005	16	8	7	31
2006	17	10	12	39
2007	3	0	0	3
합계	66	43	53	162

2) 광고활용교육 형태

광고활용교육이 어떠한 형태로 실시되는가를 살펴본 결과, 기존 교과 내용 중에 교사 재량으로 실시하는 경우가 36.92%로 가장 많은 것으로 나타났으며, 정규과목 교과 내용에서 광고에 대해 언급하는 내용만 교육하는 경우가 29.62%로 두 번째로 높게 나타났다. 창의적 재량활동으로 광고활용교육을 실시하는 학교도 전체 응답 가운데 16.54%로 나타났다. 기타 의견으로 과제물 활용, 방학특강 이용 등 의견도 있었으며, 일부 고등학교에서는 정규과목으로 편성되어 실시되고 있다는 응답도 있었다.

〈표 Ⅳ-6〉 초·중·고등학교 광고활용교육 형태

광고활용교육 형태	빈도	%
창의적 재량활동	43	16.54
특별활동(CA)	22	8.46
학교에서 원하는 사람에 한해서 교육받는 특기적성교육 (방과 후 수업)	3	1.15
학생 자율적인 동아리 활동	10	3.85
정규과목(국어, 사회, 미술 등)의 교과 내용에서 광고에 대해 언급하는 내용만 교육	77	29.62
기존 교과 내용 중에서 교사 재량으로 실시	96	36.92
기 타	9	3.46
합 계	260	100

※중복응답 항목임

〈그림 Ⅳ-1〉 초·중·고등학교 광고활용교육 형태(빈도)

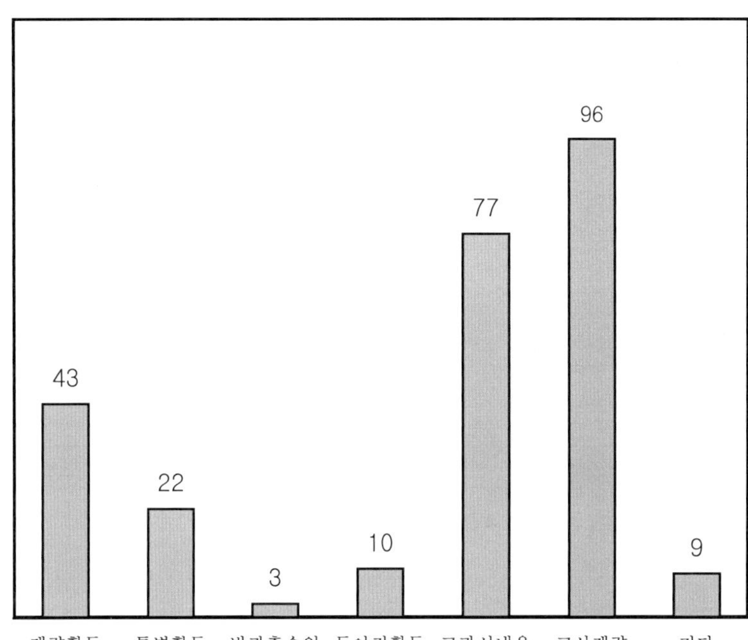

초등학교 광고활용교육 형태의 두드러진 특징으로는 창의적 재량활동 및 특별활동의 비중이 중학교와 고등학교와 비교하여 그 비중이 상대적으로 높다는 점을 들 수 있는데, 이는 초등학교는 교과시간이 상대적으로 짧기 때문에 정규 교과 내용 이외의 내용을 수업시간에 다루기에는 매우 어려우므로, 재량활동 및 특별활동 시간을 활용할 수밖에 없다는 한계점을 드러낸 것으로 추론된다.

<표 Ⅳ-7> 초등학교 광고활용교육 형태

광고활용교육 형태	빈도	%
창의적 재량활동	27	23.28
특별활동(CA)	10	8.62
학교에서 원하는 사람에 한해서 교육받는 특기적성교육 (방과 후 수업)	0	0.00
학생 자율적인 동아리 활동	2	1.72
정규과목(국어, 사회, 미술 등)의 교과 내용에서 광고에 대해 언급하는 내용만 교육	30	25.86
기존 교과 내용 중에서 교사 재량으로 실시	41	35.34
기 타	6	5.17
합 계	116	100

※중복응답 항목임

<그림 Ⅳ-2> 초등학교 광고활용교육 형태(빈도)

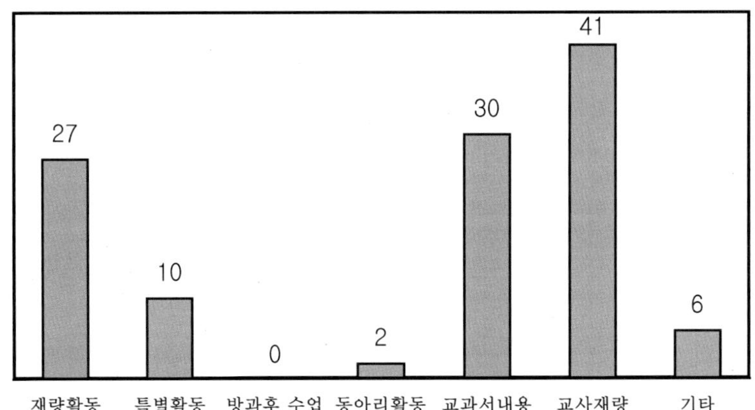

　중학교의 광고활용교육 형태는 교사 재량 및 교과서 내용만을 언급하는 형태가 74%로, 두 가지 교육 형태의 합이 초·중·고등학교 가운데 가장 높은 것으로 나타났다.

〈표 Ⅳ-8〉 중학교 광고활용교육 형태

광고활용교육 형태	빈도	%
창의적 재량활동	10	15.15
특별활동(CA)	4	6.06
학교에서 원하는 사람에 한해서 교육받는 특기적 성교육 (방과 후 수업)	0	0.00
학생 자율적인 동아리 활동	2	3.03
정규과목(국어, 사회, 미술 등)의 교과 내용에서 광고에 대해 언급하는 내용만 교육	23	34.85
기존 교과 내용 중에서 교사 재량으로 실시	26	39.39
기 타	1	1.52
합 계	66	100

※중복응답 항목임

〈그림 Ⅳ-3〉 중학교 광고활용교육 형태(빈도)

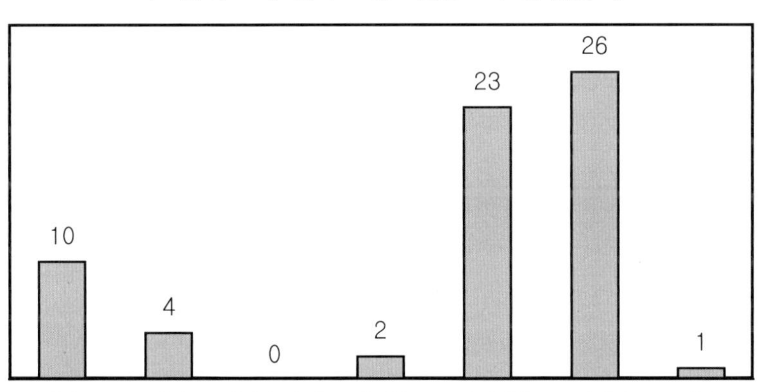

고등학교에서는 정규과목에서 교과 내용에 언급하는 정도의 교육이 교과 내용 중에서 교사 재량으로 실시하는 경우와 적은 차이를 보이면서 두 번째로 높게 나타났고, 다른 형태들은 상대적으로

낮은 사례 수를 보이면서 비슷한 수준을 나타냈다.

<표 Ⅳ-9> 고등학교 광고활용교육 형태

광고활용교육 형태	빈도	%
창의적 재량활동	6	7.69
특별활동(CA)	8	10.26
학교에서 원하는 사람에 한해서 교육받는 특기적성 교육 (방과 후 수업)	3	3.85
학생 자율적인 동아리 활동	6	7.69
정규과목(국어, 사회, 미술 등)의 교과 내용에서 광고에 대해 언급하는 내용만 교육	24	30.77
기존 교과 내용 중에서 교사 재량으로 실시	29	37.18
기 타	2	2.56
합 계	78	100

※중복응답 항목임

<그림 Ⅳ-4> 고등학교 광고활용교육 형태(빈도)

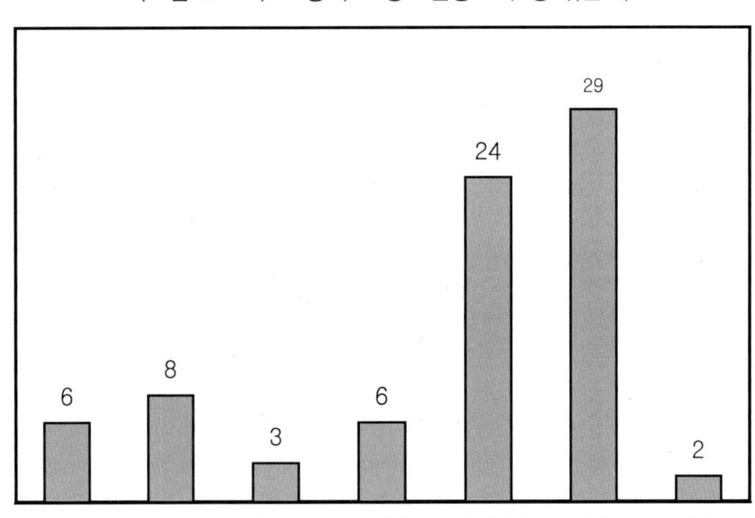

초·중·고등학교별 광고활용교육 형태 분석결과를 살펴보면, 전반적으로 기존 교과 내용 중에서 교사 재량으로 실시하는 경우와 정규과목에서 교과 내용에 언급하는 형태의 빈도가 압도적으로 높게 나타났다. 중학교의 경우에는 초등학교와 고등학교에 비해 교과서 내용만을 다루는 비율이 상대적으로 높았다. 재량활동으로 실시하는 형태는 초등학교가 가장 높았고, 상급학교로 갈수록 급격하게 줄어드는 형태를 보였다. 특별활동 및 방과 후 수업은 고등학교에서 실행하는 비율이 가장 높게 나타났다. 전반적으로 현재까지의 광고활용교육은 특별한 교육 형태로 시행되기보다는 교과서에 실린 내용을 기준으로 교사의 판단하에 부분적이고 제한적인 교육이 이루어지고 있는 것으로 파악된다.

<표 Ⅳ-10> 초·중·고등학교별 광고활용교육 형태

광고활용교육 형태	초등학교		중학교		고등학교	
	빈도	%	빈도	%	빈도	%
창의적 재량활동	27	23.28	10	15.15	6	7.69
특별활동(CA)	10	8.62	4	6.06	8	10.26
학교에서 원하는 사람에 한해서 교육받는 특기적성교육(방과 후 수업)	0	0.00	0	0.00	3	3.85
학생 자율적인 동아리 활동	2	1.72	2	3.03	6	7.69
정규과목(국어, 사회, 미술 등)의 교과 내용에서 광고에 대해 언급하는 내용만 교육	30	25.86	23	34.85	24	30.77
기존 교과 내용 중에서 교사 재량으로 실시	41	35.34	26	39.39	29	37.18
기 타	6	5.17	1	1.52	2	2.56
합 계	116	100	66	100	78	100

※중복응답 항목임

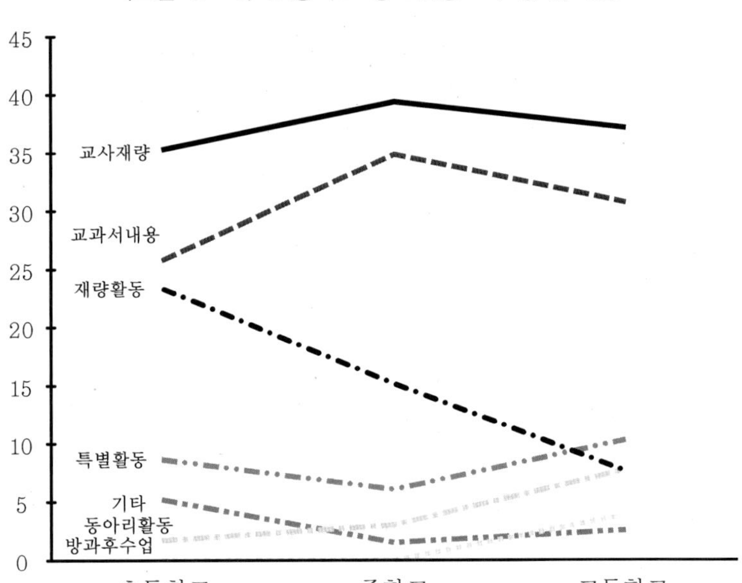

〈그림 Ⅳ-5〉 초등학교 광고활용교육 형태(비율)

3) 광고활용교육 내용

광고활용교육의 내용을 살펴보면, 학습효과 향상을 위한 교육 자료로 활용하고 있다는 응답이 가장 높게 나타났으며, 창의성 수업으로 활용한다는 응답이 두 번째로 높게 나타났다. 다음으로는 소비문화 교육 및 광고제작 수업을 내용으로 하고 있다는 응답이 비슷한 수준으로 나타났다. 기타 의견으로 문화교육을 위한 이미지 리터러시 수업, 문화산업마케팅 및 광고입문수업에서 광고활용교육이 실시되고 있다는 의견도 있었다.

〈표 Ⅳ-11〉 초·중·고등학교 광고활용교육 내용

광고활용교육 내용	빈도	%
창의적 표현 능력 향상을 위한 광고제작 수업	78	13.24
광고에 대한 이해를 바탕으로 건전한 소비문화 교육	90	15.28
학습효과 향상을 위한 교육자료로 활용	139	23.60
광고를 접목한 창의성 향상 수업	93	15.79
광고비평	66	11.21
전문직종으로 인정받고 있는 광고분야의 진로 및 진학	25	4.24
건전한 광고 문화 윤리 의식 교육	54	9.17
TV, 신문, 잡지, 인터넷, DMB 등 광고 미디어에 관한 내용	34	5.77
기 타	10	1.70
합 계	589	100

※중복응답 항목임

〈그림 Ⅳ-6〉 초·중·고등학교 광고활용교육 내용(빈도)

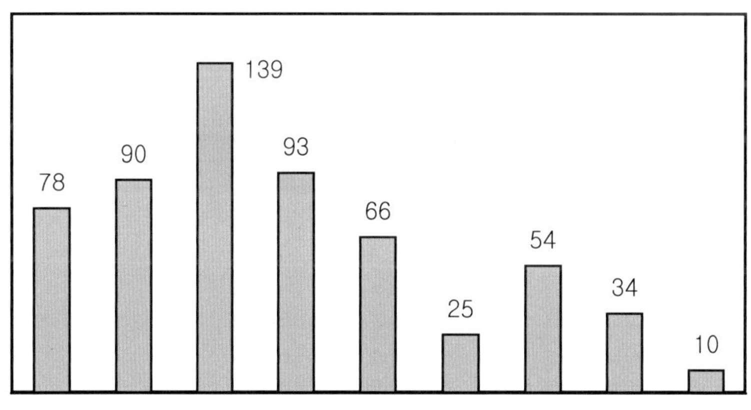

초등학교의 광고활용교육 내용 가운데 가장 큰 비중을 차지하고 있는 것은 학습효과 향상을 위한 교육자료로 활용하는 것이었으

며, 창의성 향상 수업을 위해 광고를 접목하여 활용하는 경우가
두 번째로 높게 나타났다. 광고제작 수업과 광고에 대한 이해를
바탕으로 한 소비문화 교육 및 광고비평 교육이 비슷한 수준의 활
용도를 보였다.

〈표 Ⅳ-12〉 초등학교 광고활용교육 내용

광고활용교육 형태	빈도	%
창의적 표현 능력 향상을 위한 광고제작 수업	36	14.81
광고에 대한 이해를 바탕으로 건전한 소비문화 교육	30	12.35
학습효과 향상을 위한 교육자료로 활용	58	23.87
광고를 접목한 창의성 향상 수업	46	18.93
광고비평	31	12.76
전문직종으로 인정받고 있는 광고분야의 진로 및 진학	6	2.47
건전한 광고 문화 윤리 의식 교육	17	7.00
TV, 신문, 잡지, 인터넷, DMB 등 광고 미디어에 관한 내용	14	5.76
기 타	5	2.06
합 계	243	100

※중복응답 항목임

〈그림 Ⅳ-7〉 초등학교 광고활용교육 내용(빈도)

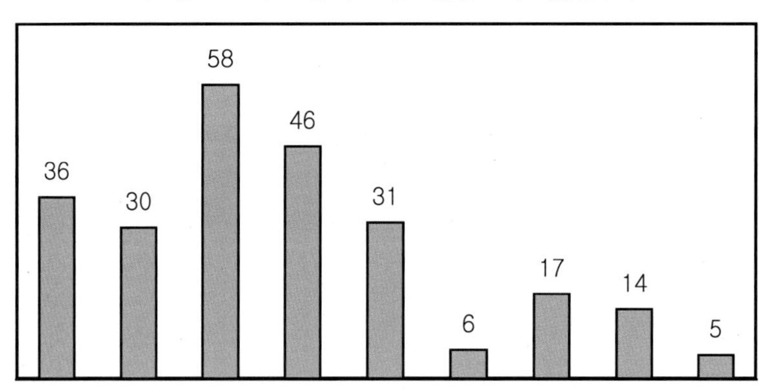

중학교에서의 광고활용교육 내용으로는 학습효과 향상을 위한 교육자료로의 활용과 소비문화 교육이 비슷한 수준에서 높은 활용도를 나타냈다. 건전한 광고문화 윤리의식 교육 및 광고제작과 광고비평이 비슷한 수준에서의 활용도를 나타냈으며, 창의력과 진로 및 진학으로서의 직업과 관련된 교육은 상대적으로 낮은 수준에서 활용되고 있었다.

<표 Ⅳ-13> 중학교 광고활용교육 내용

광고활용교육 형태	빈도	%
창의적 표현 능력 향상을 위한 광고제작 수업	19	13.10
광고에 대한 이해를 바탕으로 건전한 소비문화 교육	32	22.07
학습효과 향상을 위한 교육자료로 활용	33	22.76
광고를 접목한 창의성 향상 수업	12	8.28
광고비평	19	13.10
전문직종으로 인정받고 있는 광고분야의 진로 및 진학	7	4.83
건전한 광고 문화 윤리 의식 교육	21	14.48
TV, 신문, 잡지, 인터넷, DMB 등 광고 미디어에 관한 내용	1	0.69
기 타	1	0.69
합 계	145	100

※중복응답 항목임

<그림 Ⅳ-8> 중학교 광고활용교육 내용(빈도)

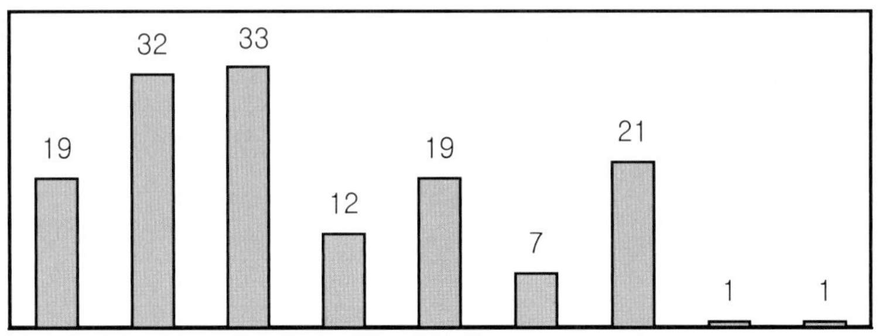

고등학교에서의 광고활용교육 내용으로는 학습효과 활용을 위한 교육자료로 활용되는 경우가 가장 높게 나타났으며, 창의성 향상 수업으로 진행되는 경우가 두 번째로 높게 나타났다. 광고제작과 소비문화 교육, 광고비평, 윤리교육, 미디어에 관한 내용, 진로진학이 비슷한 수준에서의 활용도를 나타내고 있어, 전반적으로 다양한 형태의 교육 내용이 이루어지고 있음을 알 수 있었다.

〈표 Ⅳ-14〉 고등학교 광고활용교육 내용

광고활용교육 형태	빈도	%
창의적 표현 능력 향상을 위한 광고제작 수업	23	12.04
광고에 대한 이해를 바탕으로 건전한 소비문화 교육	28	14.66
학습효과 향상을 위한 교육자료로 활용	48	25.13
광고를 접목한 창의성 향상 수업	35	18.32
광고비평	16	8.38
전문직종으로 인정받고 있는 광고분야의 진로 및 진학	12	6.28
건전한 광고 문화 윤리 의식 교육	16	8.38
TV, 신문, 잡지, 인터넷, DMB 등 광고 미디어에 관한 내용	13	6.81
기 타	4	2.09
합 계	191	100

※중복응답 항목임

〈그림 Ⅳ-9〉 고등학교 광고활용교육 내용(빈도)

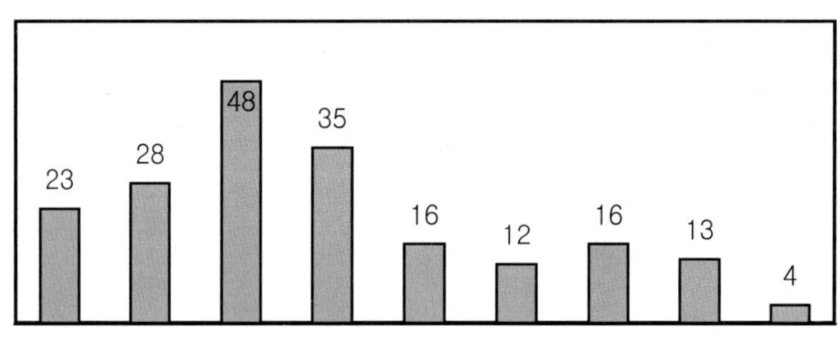

초·중·고등학교별 광고활용교육 내용을 살펴보면, 초·중·고등학교 모두 학습효과 향상을 위한 학습자료로 활용한다는 응답이 가장 많았다. 초등학교와 고등학교는 창의성 향상 수업을 내용으로 하는 교육이 두 번째로 높게 이루어지고 있었다. 반면, 중학교에서는 소비교육 및 윤리의식을 내용으로 하는 경우가 상대적으로 높게 나타났다. 광고제작과 관련된 수업은 상급학교로 갈수록 활용되는 비율이 낮게 나타났으며, 진로 및 진학과 관련된 내용은 상급학교로 갈수록 높게 나타났다. 이는 입시에 대한 부담 및 다루어야 할 교과 내용이 많아지면서 광고제작 수업을 실행하기 어려워지고, 상대적으로 진로 및 진학에 대한 내용은 학생들의 관심과 필요에 의해 증가하는 것으로 파악된다. 광고비평은 전반적으로 비슷한 수준의 비율로 실행되고 있었으며, 미디어 관련 교육은 초등학교와 고등학교가 비슷한 수준을 나타낸 반면, 중학교에서는 거의 이루어지지 않고 있었다.

〈표 Ⅳ-15〉 초·중·고등학교별 광고활용교육 내용

광고활용교육 형태	초등학교		중학교		고등학교	
	빈도	%	빈도	%	빈도	%
창의적 표현 능력 향상을 위한 광고 제작 수업	36	14.81	19	13.10	23	12.04
광고에 대한 이해를 바탕으로 건전한 소비문화 교육	30	12.35	32	22.07	28	14.66
학습효과 향상을 위한 교육자료로 활용	58	23.87	33	22.76	48	25.13
광고를 접목한 창의성 향상 수업	46	18.93	12	8.28	35	18.32
광고비평	31	12.76	19	13.10	16	8.38
전문직종으로 인정받고 있는 광고분야의 진로 및 진학	6	2.47	7	4.83	12	6.28
건전한 광고 문화 윤리 의식 교육	17	7.00	21	14.48	16	8.38
TV, 신문, 잡지, 인터넷, DMB 등 광고 미디어에 관한 내용	14	5.76	7	0.69	13	6.81
기 타	5	2.06	1	0.69	4	2.09
합 계	243	100	151	100	195	100

※중복응답 항목임

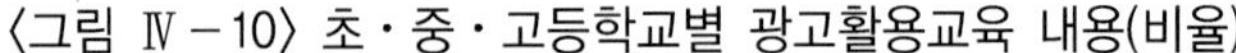

〈그림 Ⅳ-10〉 초·중·고등학교별 광고활용교육 내용(비율)

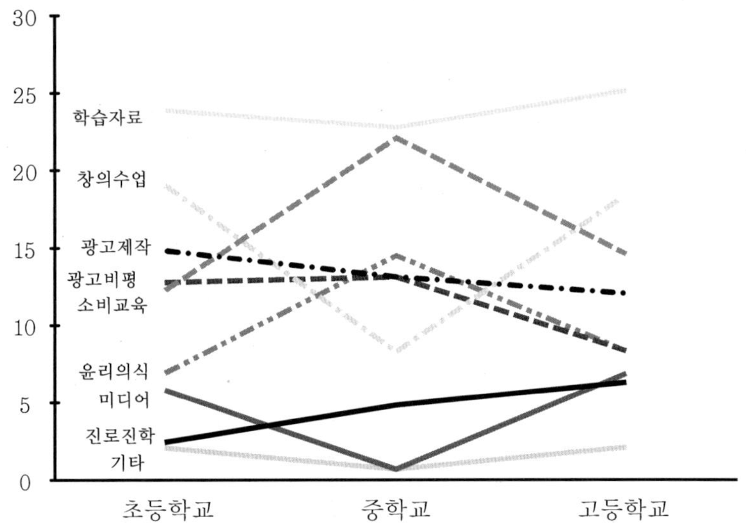

4) 광고활용교육 실시 시간

학기당 광고활용교육 실시 시간은 평균 6.59시간(표준편차 9.76)으로 나타났다. 학기당 광고활용교육 실시 시간이 5시간 미만이 대부분을 차지하고 있었는데, 이는 광고활용교육 형태와도 관련이 높은 것으로 대부분의 광고활용교육이 교사 재량이나 기존 교과 내용을 중심으로 이루어지고 있기 때문인 것으로 추론할 수 있다.

초·중·고등학교별 광고활용교육시간을 살펴보면, 중학교에서의 실시시간이 가장 적고, 초등학교에서의 실시시간이 가장 높게 나타났다. 이는 초등학교에서는 입시에 대한 부담 등이 적어 교과 내용 이외의 내용을 다루는 데 있어 상대적으로 부담이 적기 때문인 것으로 파악되며, 고등학교에서의 광고활용교육 실시시간이 높은 것은 실업계 고등학교에서의 광고교육시간이 영향을 미친 것으로 추측된다.

〈표 Ⅳ-16〉 학기당 광고활용교육 실시 시간

학기당 교육 시간	초등학교	중학교	고등학교	합계
2시간 미만	12	12	14	38
3시간 ~ 5시간	29	17	23	69
6시간 이상 ~ 10시간 미만	6	2	3	12
10시간 이상 50시간 미만	15	3	5	23
50시간 이상	1	1	1	3
평 균	7.03	5.33	6.96	6.59
표준편차	8.59	8.29	12.08	9.76
합 계	63	36	48	147

〈그림 Ⅳ-11〉 초·중·고등학교별 학기당 광고활용교육 실시시간(빈도)

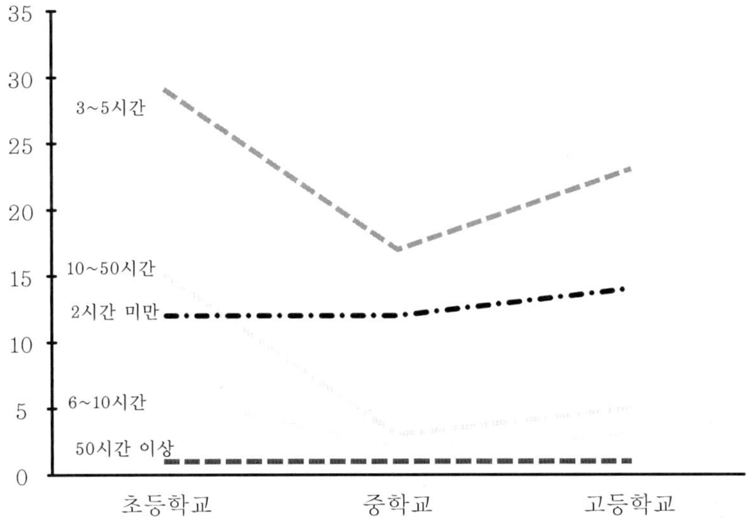

5) 광고활용교육 관련 기자재 현황

광고활용교육에 사용되는 기자재 현황을 살펴보면, 전체적으로 제작활용을 위한 교육에 사용되기에는 상당히 부족한 수준이라고 볼 수 있다. 이는 광고활용교육의 내용 또한 창의성 향상을 위한 광고제작 교육이 이루어지기 어려운 이유 가운데 하나로 판단된다.

기타 의견으로는 모둠활동으로 각자 집에서 광고를 제작하여 발표하게 하거나, 학교에서 제작을 해도 주로 색연필을 이용하거나 심지어는 휴대전화 카메라 등으로 작업한다고 응답하기도 하였다. 또는 학교에 컴퓨터가 갖추어져 있어도 주로 학교 업무에 사용하여 광고활용교육에 활용하기에는 극히 부족하다고 응답하였다.

〈표 Ⅳ-17〉 초·중·고등학교별 광고활용교육에 사용되는 기자재 현황

구분	수량	초등학교	중학교	고등학교	합계
카메라	1	21	12	11	44
	2	5	2	4	11
	3	1	0	1	2
	9	1	0	0	1
	16	0	1	0	1
영상 편집기	1	8	9	1	18
	2	2	2	0	4
	5	0	1	0	1
	6	2	0	0	2
컴퓨터	5대 미만	61	45	47	153
	6대 이상 ~ 10대 미만	3	1	3	7
	10대 이상 ~ 30대 미만	1	1	2	4
	30대 이상 ~ 40대 미만	2	3	3	8
	40대 이상	7	2	3	12

구분	수량	초등학교	중학교	고등학교	합계
컬러 프린터	1	33	23	28	64
	2	2	1	4	7
	3	0	0	1	1
	4	1	0	0	1
	5	1	0	0	1
디지털 카메라	1	50	31	36	117
	2	6	2	1	9
	3	0	0	2	2
	5	1	0	2	3
	6	1	3	3	7
	10	2	0	0	2
기타	DVD 라이터	1	1	0	2
	프로젝터	0	0	2	2
	실물화상기	2	4	1	7
	캠코더	1	0	4	5
	프로젝션TV	1	0	0	1

6) 광고활용교육 담당 및 실시 교사

광고활용교육을 담당 혹은 실시하고 있는 교사에 대해 조사한 결과, 초·중·고등학교별로 비슷한 수준을 분포를 보인 가운데, 광고에 관심 있는 선생님이 담당하고 있는 경우가 77.2%로 가장 높게 나타났다. 광고관련 교육을 전공했거나 외부에서 교육을 이수한 경우는 14%에 머물렀고, 전문강사나 현업 종사자가 교육을 하고 있는 경우는 소수에 불과했다. 이는 현재 초·중·고에서 실시되고 있는 광고활용교육이 전문적 지식을 갖춘 교사를 중심으로 이루어지지 않고 있음을 보여준다. 기타 의견으로 음악, 문화경영

등을 전공하신 선생님들이 광고활용교육을 실시하고 있다는 응답
이 있었다.

〈표 Ⅳ-18〉 초·중·고등학교별 광고활용교육 담당 및 실시 교사

광고활용교육 교사	초등학교		중학교		고등학교		계	
	빈도	%	빈도	%	빈도	%	빈도	%
광고관련 교육을 전공했거나 외부에서 교육을 이수한 타 과목 선생님	13	12.9	11	16.4	11	13.4	35	14
광고에 관심 있는 선생님	79	78.2	50	74.6	64	78.0	193	77.2
광고활용교육 전문강사	0	0.0	2	3.0	2	2.4	4	1.6
광고 영역의 현업 종사자	2	2.0	1	1.5	1	1.2	4	1.6
기 타	7	6.9	3	4.5	4	4.9	14	5.6
합 계	101	100	67	100	82	100	250	100

※중복응답 항목임

〈그림 Ⅳ-12〉 초·중·고등학교별 광고활용교육 담당 선생님(비율)

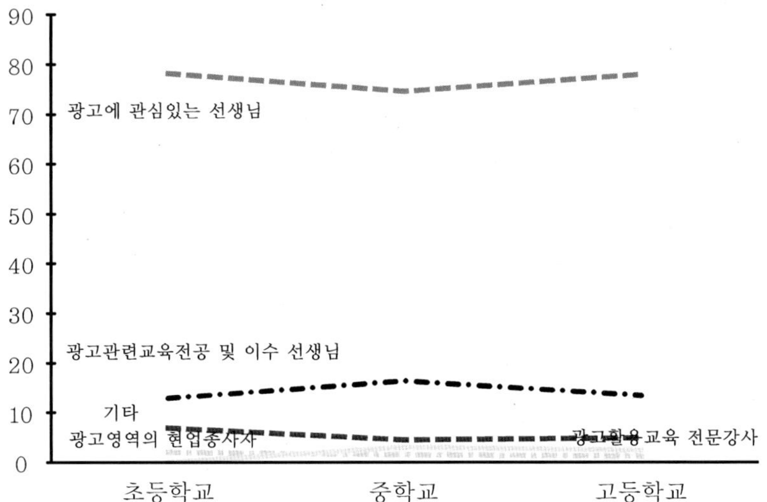

7) 광고활용교육 교재 및 교안

교육에 사용되는 교재 및 교안에 대한 조사결과, 교사 본인이 직접 개발하여 사용하고 있는 경우가 34%로 가장 높게 나타났고, 동료교사 혹은 광고관련 기관에서 제공하는 경우가 20.1%로 두 번째로 높게 나타났다. 기타 의견으로 '깨끗한 미디어를 위한 교사운동'이라는 교사모임으로부터 입수하거나 논문에서 제안하고 있는 내용으로 수업을 한다고 응답하였다.

<표 Ⅳ-19> 광고활용교육 교재 및 교안

광고활용교육 교재 및 교안	빈도	%
교육연구기관에서 개발, 제공하는 교재 및 교안	31	9.7
광고활용을 실시한 학교에서 개발한 교재 및 교안	12	3.8
광고활용을 실시한 담당교사(동료교사)가 개발한 교재 및 교안	66	20.8
광고관련 기관에서 개발, 제공하는 교재 및 교안	64	20.1
광고활용 분야 연구자가 개발한 교재 및 교안	25	7.9
본인이 직접 개발한 교재 및 교안	108	34.0
기 타	12	3.8
합 계	318	100

※중복응답 항목임

본인이 직접 개발하는 경우는 중학교가 가장 높게 나타났고 초등학교와 중학교는 비슷한 수준을 나타냈다. 반면 동료교사 혹은 광고관련 기관의 교재 및 교안을 사용하는 경우는 중학교가 가장 낮게 나타났고 초등학교와 중학교는 비슷한 수준을 나타냈다. 광고활용분야 연구자가 개발한 교재 및 교안을 사용하는 경우는 상급학교로 갈수록 낮게 나타났고, 교육기관에서 제공하는 교재 및 교안을 사용하는 경우는 상급학교로 갈수록 높게 나타났다.

〈표 Ⅳ-20〉 초·중·고등학교별 광고활용교육 교재 및 교안

광고활용교육 교사	초등학교		중학교		고등학교	
	빈도	%	빈도	%	빈도	%
교육연구기관에서 개발, 제공하는 교재 및 교안	9	6.9	8	9.8	14	13.3
광고활용을 실시한 학교에서 개발한 교재 및 교안	5	3.8	5	6.1	2	1.9
광고활용을 실시한 담당교사(동료교사)가 개발한 교재 및 교안	32	24.4	12	14.6	22	21.0
광고관련 기관에서 개발, 제공하는 교재 및 교안	28	21.4	11	13.4	25	23.8
광고활용 분야 연구자가 개발한 교재 및 교안	14	10.7	7	8.5	4	3.8
본인이 직접 개발한 교재 및 교안	38	29.0	35	42.7	35	33.3
기 타	5	3.8	4	4.9	3	2.9
합 계	131	100	82	100	105	100

※중복응답 항목임

〈그림 Ⅳ-13〉 초·중·고등학교별 광고활용교육 교재 및 교안(비율)

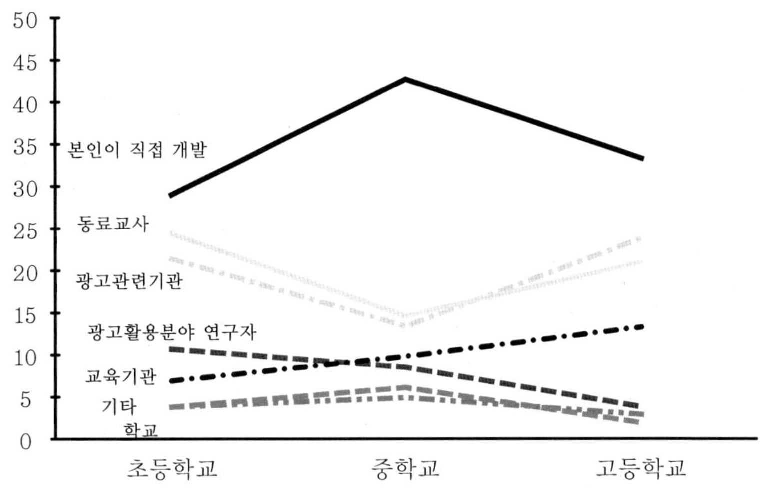

　　교재 및 교안은 어떤 경로로 입수하는지에 대한 조사결과, 광고
관련 기관, 다른 교사, 인터넷, 교육기관, 학교 순으로 나타났다.
이와 같은 사실은 광고활용교육을 실시하고 있는 교사 본인이 교
안을 직접 개발해야 하거나 필요한 교안을 직접 구해야 하는 어려
움이 있을 것으로 짐작게 한다. 기타 의견으로는 서점을 통한 구
매, 추천 도서, 미디어 자료, 연수자료 등을 활용하고 있다고 응답
하였다.

<표 Ⅳ-21> 광고활용교육 교재 및 교안 입수 경로

항　목	빈도	%
학교에서 제공	5	1.68
교육기관에서 제공	23	7.72
다른 교사로부터 입수	47	15.77
광고관련 기관에서 입수	79	26.51
인터넷에서 입수	144	48.32
합　계	298	100

※중복응답 항목임

　　초·중·고등학교 모두 인터넷을 통해 교재 및 교안을 입수하는
경우가 가장 높게 나타났다. 광고관련 기관으로부터 입수하는 경
우는 초등학교가 가장 높고 중학교가 가장 낮게 나타난 반면, 동
료교사로부터 입수하는 경우는 중학교가 가장 높고 초등학교와 고
등학교는 비슷한 수준을 나타냈다. 교육기관으로부터 입수하는 경
우는 전반적으로 낮은 비율을 나타낸 가운데, 상급학교로 갈수록
비율이 약간씩 높아지고 있는 것으로 나타났다.

〈표 Ⅳ-22〉 초·중·고등학교별 광고활용교육 교재 및 교안 입수 경로

항목	초등학교		중학교		고등학교	
	빈도	%	빈도	%	빈도	%
학교에서 제공	1	0.8	3	3.6	1	1.0
교육기관에서 제공	5	4.2	7	8.4	11	11.5
다른 교사로부터 입수	17	14.3	16	19.3	14	14.6
광고관련 기관에서 입수	37	31.1	18	21.7	24	25.0
인터넷에서 입수	59	49.6	39	47.0	46	47.9
합 계	119	100	83	100	96	100

※중복응답 항목임

〈그림 Ⅳ-14〉 초·중·고등학교별 광고활용교육 교재 및
교안 입수 경로(비율)

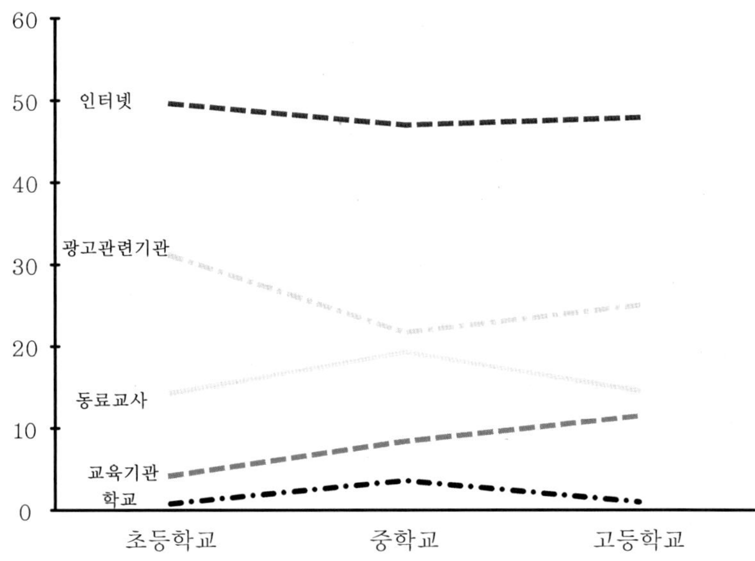

Ⅴ. 광고활용교육에 대한 인식

1. 광고활용교육 및 교사연수 프로그램에 대한 의견

교사들이 교육현장에서 학생들에게 광고에 대한 올바른 지식을 가르치고(광고에 관한 교육), 광고를 통해 창의력을 향상시키려는 노력(광고를 통한 교육)은 매우 중요하다. 따라서 광고활용교육의 학습목표를 뚜렷하게 세우고, 지속적인 교사연수 및 지원을 통해 광고활용교육이 정착될 수 있을 것이다.

이러한 노력 가운데 하나로, 한국광고단체연합회는 2005년부터 여름방학을 이용하여 전국 초·중·고등학교 교사를 대상으로 광고활용교육에 관한 교사연수 프로그램인 '광고제작을 활용한 교수학습법'을 개최하고 있다. 이 프로그램은 기본과정과 심화과정으로 나누어 각 30시간의 연수과정으로 이루어지며, '광고의 이해와 활용', '생활에서 발견하는 광고와 마케팅', '광고기획자가 말하는 전략적 사고', '광고제작과정', '창의성 개발', '광고 바로보기', '광고제작을 활용한 교수학습법', '광고 활용 수업 사례' 등으로 구성되었다. 연수에 참여한 교사들은 광고에 대한 기본적인 지식을 얻었을 뿐만 아니라, 광고와 관련한 교육의 발전방향에 대해서도 좀 더 심각하게 생각해 보게 되는 기회를 갖게 된다.

본 연구에서는 연수 프로그램에 참여한 교사들을 대상으로 한 인터뷰[10] 내용을 바탕으로 광고활용교육에 대한 인식 및 광고활용교육을 실시하고자 하는 교사 지원 연수 프로그램이 어떠한 방향

---

10) 인터뷰 내용 전문은 www.adic.co.kr 참조

으로 확대되기를 희망하는지에 대한 교사들의 생각을 살펴볼 수 있었다. 강의자 및 연수자로 참여한 현직 초·중·고등학교 교사들의 주요 의견을 다음과 같이 정리해 볼 수 있다.

1) 흥미유발 및 학습동기부여를 위한 자료

연수에 참여한 교사들은 학습목표와 관련하여 여러 가지 방법으로 광고를 활용하고 싶어 하고, 이를 실제 교육에 적용하기 위한 노력을 한다고 밝혔다.

> 광고는 현실 언어의 종합적인 매체이기 때문에 광고를 읽어 내고 표현하는 방법 등 학습목표와 관련이 있다면 여러 가지 방법으로 광고를 활용하려고 노력한다.

최근 미디어 읽기가 교육의 트렌드로 자리 잡고 있는 상황에서 광고는 가장 재미있고, 쉽게 접할 수 있고, 학생들의 흥미를 유발할 수 있는 좋은 소재라 할 수 있다. 특히 모방심리가 큰 학생들에게 광고는 매우 관심 있는 소재가 되는 것이다.

> 아이들은 미디어에 관심이 많고 집중을 한다. 특히 단순모방하려는 심리가 커서 어떤 CF 한 컷을 기억하고 따라 하려는 경향이 있다.

한 참여교사는 아이들의 이러한 관심을 학습동기부여로 이끌어 나갈 방법에 대해 고민하던 중에 교사연수프로그램을 통해 이를 활용할 수 있는 방안에 대해 깊이 생각해 볼 수 있는 계기가 되었다고 밝혔다.

2) 창의력 향상을 위한 교육으로 활용

광고는 창의력 향상을 위한 교육에 효과적이라 할 수 있다. 특히 설득을 위한 말하기나 비판적이고 분석적인 사고능력 향상을 위한 교육에 효과적이라 할 수 있다.

> 대화하는 법을 잘 모르는 아이들에게 설득하는 말하기나 창의성을 개발할 수 있는 수업을 진행해서 광고를 읽는 눈, 광고 내용 분석, 비판적 사고력, 분석적 사고력을 길러 줘야 한다고 생각한다.

> 국어시간에 창의적인 생각 위주의 단원을 다룰 때에, 광고카피를 활용하거나 창의적인 면이 돋보이는 광고를 보여주고 그러한 표현에 대해 토론을 하면 좋겠다는 생각을 하게 되었다.

3) 소비자 교육에의 활용

앞서 교과서 광고관련 내용 분석과 광고수업사례에서 보았듯이, 광고를 통한 소비자 교육은 초·중·고등학교에서 빈번하게 실시되고 있는 광고활용교육 가운데 하나이다. 특히, 광고에 담겨 있는 의미를 올바로 이해하고, 유용한 정보를 활용하여 건전한 소비생활 교육에 활용되고 있다.

학생들은 광고를 흥미 위주의 시각에서만 바라보고 흘려버리는 경향이 있다. 이런 그들에게 광고를 올바로 볼 수 있는 시각을 길러 주고, 좋은 광고와 그렇지 않은 광고에 대해 구별하고 문제를 인식할 수 있는 힘을 길러 주는 것이 필요하다고 생각한다.

학생들에게 광고는 공기라고 가르치는데 우리의 의도와 상관없이 많은 영향을 받고 있는 부분이고 제품을 선택하는 데 있어 큰 비중을 차지하고 있기 때문이다. 그러한 만큼 소비자 교육이 절실하다고 생각한다.

4) 광고활용교육을 위한 교사연수프로그램에 대한 의견

연수 참여교사들은 한두 가지 주제를 집중적으로 다루거나 교양과목 등을 패키지로 진행하는 다른 연수와는 달리도 집중적으로 광고관련 강의만 진행하여 심도 깊은 내용까지도 익힐 수 있어 유익했다고 전했다.

창의성 교육의 중요성을 많이 느끼던 가운데 이번 연수가 많은 도움이 되었는데 잘 모르고 있던 마케팅과 광고기획과정까지 알게 되었다. 소비자의 심리를 파악하는 과정도 흥미로웠다. 앞으로의 연수는 프로그램이 세분화되어 초·중·고등학교 과정별이나 과목별로 구분이 되어도 좋을 듯하다. 광고에 대한 집중 강연이라 다른 연수와 차별화되었고, 창의성 교육에 많은 도움이 될 듯하다.

수행평가에서 제품분석이나 SWOT분석을 통해 광고 컨셉을 정해 보는 작업을 해 왔다. 다음 학기에는 제작 부분의 수업을 진행하게 되는데 이번 연수를 통해 자료도 많이 확보했고 나 자신도 마케팅 감각을 익힌 계기가 되었다.

또한 그동안 광고활용교육에 관심이 있어도 전문적이고 체계적인 준비를 하는 데 있어서 어려움을 겪어 왔는데, 교사연수프로그램을 통해 광고활용교육을 위한 심층적인 정보와 교수학습법을 접할 수 있는 기회가 되었다고 밝혔다.

평소에도 문화나 광고에 대해 관심이 있었다. '깨끗한 미디어를 위한 교사운동'이라는 미디어 연구단체에서 학생들에게 영향을 미치는 광고에 대해 조사하고 그들이 광고를 바로 볼 수 있도록 연구 활동을 하고 있다. 광고에 대한 전반적인 이해 없이는 한계가 있는 듯하여 도움을 얻고자 본 연수에 참가했고, 그 결과 광고에 대한 이해를 증진시키는 데 도움이 된 것 같다. 전문적인 용어들을 학생들에게 가르치기에는 역부족이겠지만, 그들한테도 광고가 만들어지는 과정이라든지, 좋은 광고가 어떤 것인지 등에 대한 내용을 가르치고 싶다는 결심이 생겼다.

연수를 통해 광고에는 생각보다 더 많은 의도성이 함축되어 있다는 것을 배우게 되었고, 그 의도에 따라서 다양한 표현방법이 가능하겠다는 생각을 했다. 앞으로 수업에서도 아이들에게 광고의 의도성에 대해 더 강조한다면, 그들이 더 다양하게 생각할 수 있는 기회가 될 수 있을 것 같다.

한편, 연수에 참여한 교사들은 광고에 대한 심도 있는 학습에 높은 만족을 보이면서도 교원연수프로그램에 참여할 수 있는 인원이 제한되어 있는 점을 아쉬운 점으로 지적하고, 초·중·고등학교별 또는 교과목별로 세분화된 교육 프로그램이 구성되었으면 한다는 의견을 제시하기도 하였다.

다음 연수 때는 선생님들도 모둠을 짜서 광고 제작을 경험해 보았으면 한다. 광고는 즉흥적인 아이디어로 만든 것이 아닌 소비자의 심리 분석과 마케팅이 철저하게 녹아 있는 것임을 안다면

더 많은 교육에 활용할 수 있을 것이기 때문이다.

또한, 광고연수를 통해 광고의 가치와 활용도를 새롭게 인식했다는 높은 만족을 표시했으나, 교사연수프로그램이 교육현장에서 활용가능한 개별교과에 대한 실질적인 도움이 되어 주기를 희망하였다. 일례로, 광고활용교육을 위한 교육 자료가 더 많이 제공되기를 희망하였는데, 이는 광고연구자는 물론 광고산업 관계자들이 광고 아카이브 구축을 통해 교육 콘텐츠로써 광고를 지속적으로 제공할 수 있는 채널의 필요성을 의미하는 것이다.

> *지리, 역사, 법 등을 가르칠 때 흥미유발 차원에서 활용하고 있다. 예를 들면 고대 그리스 이야기를 할 때 포카리스웨트의 광고를 이용하는데 시청각 자료가 많이 부족해서 적극적으로 활용하지는 못한다.*

광고활용교육 활성화를 위해 사회적 인식의 전환이 필요하다는 점도 제기되었다. 즉 현재까지 초·중·고등학교에서 다루고 있는 교육 내용들은 광고에 대한 비판적 시각이 강조되어 있는 측면이 강하기 때문에 광고활용교육의 발전을 위해서는 광고에 대한 올바른 사회적 인식이 뒷받침되어야 한다는 것이다.

> *최근 광고는 한 국가의 사회, 경제, 문화 전 분야에 영향을 미치는 것은 물론 청소년들의 교육에도 폭넓게 활용되고 있다. 하지만 초·중·고등학교의 교육 내용은 광고에 대한 비판 의식을 강조하는 경우가 많아 청소년의 광고 교육을 통해 광고의 사회적 인식을 제고해야 한다.*

5) 광고활용교육 활성화 방안에 대한 의견

강사로 연수에 참가한 교사들은 교사연수프로그램에 대한 참여를 높일 수 있는 방안에 관심이 많았으며, 현장에서 광고활용교육에 대한 방법론에 관심을 갖고 체계적인 접근을 위한 노력이 필요하다고 밝혔다. 또한 광고의 지속적 활용에 대한 필요성을 제기하였다.

이번 연수를 받은 수강생들은 많은 자극이 되었겠지만 막상 현장에서 적용을 하려면 무엇부터 어떻게 해야 할지 막막할 것이다. 앞으로 사후 네트워크모임이 활성화되어 자료, 정보 공유를 했으면 한다.

2. 광고활용교육 인식 조사

1) 조사 배경

광고활용교육이 활성화되기 위해서는 실제 교육이 실행되는 초·중·고등학교 현장의 목소리를 귀담아 듣는 것이 매우 중요하다. 특히 광고활용교육을 시행하는 교사들은 어떤 교육목표하에 광고활용교육이 이루어져야 한다고 생각하는지, 실행에 있어서의 어려움은 무엇인지, 광고활용교육 활성화를 위해 어떤 방안들이 제시돼야 한다고 생각하는지를 파악해야 한다. 이를 위해 본 연구에서는 앞서 살펴본 광고활용교육 현황 조사와 마찬가지로 한국광고단체연합회의 광고활용교육 교사연수프로그램 참여교사 및 광고활용교육 교재 신청 교사를 대상으로 하였다. 설문조사는 2007년 8월 7일부터 9월 16일 사이에 오프라인과 온라인 설문을 병행하여 실시되었으며, 수집된 174부의 응답 가운데 응답이 불성실하거나 완성되지 않은 12부를 제외하고 총 162부가 최종분석에 사용되었다. 설문분석을 위해 SPSS 13.0을 이용하였으며, 각 항목에 대하여 전체 응답에 대한 분석과 초·중·고등학교별 교차분석을 실시하였다.

2) 광고활용교육에 대한 인지도

광고활용교육에 대한 교사들의 인지도는 평균 3.37(표준편차 .93)

로 나타났다. 보통 이상으로 알고 있다는 응답이 약 50% 이상을 차지하고 있는 것으로 나타났다. 이는 본 연구의 응답자들이 광고 활용교육에 대한 관심이 큰 것을 반영하고 있다고 볼 수 있지만, 전반적으로 광고활용교육에 대해 교사들의 인지도가 일정 수준 이상을 넘어섰다고도 볼 수 있다.

〈표 Ⅴ-1〉 광고활용교육에 대한 인지도

구분	전혀 모른다 1	2	3	4	매우 잘 안다 5	합계	평균	표준편차
빈도	4	25	53	66	14	162	3.37	.93
%	2.47	15.43	32.72	40.74	8.64	100		

초·중·고등학교별 광고활용교육에 대한 인지도 비교에 있어서는 고등학교의 인지도가 가장 높고, 중학교, 초등학교로 갈수록 다소 낮아지는 것으로 나타났으나 전반적으로는 보통 이상에서 비슷한 수준의 평균과 표준편차를 나타났다.

〈표 Ⅴ-2〉 초·중·고등학교별 광고활용교육에 대한 인지도

구분		전혀 모른다 1	2	3	4	매우 잘 안다 5	합계	평균	표준편차
초등학교	빈도	1	14	21	27	3	66	3.26	.90
	%	1.52	21.21	31.82	40.91	4.55	100		
중학교	빈도	2	3	17	17	4	43	3.42	.93
	%	4.65	6.98	39.53	39.53	9.30	100		
고등학교	빈도	1	8	15	22	7	53	3.49	.97
	%	1.89	15.09	28.30	41.51	13.21	100		

3) 광고활용교육의 필요성

광고활용교육의 필요성에 대한 조사결과, 평균 3.91(표준편차 .78)
로 나타났다. 광고활용교육에 대한 인지도와 비교하여 다소 높은 수
준의 평균을 보인 것과 보통 이상 수준의 필요성에 응답한 비율이 약
75%를 차지하고 있는 것으로 나타난 것은 광고활용교육의 필요성에
대해 응답교사들이 강하게 인식하고 있다는 것으로 해석할 수 있다.

〈표 Ⅴ-3〉 광고활용교육 필요성에 대한 의견

구분	전혀 필요 없다 1	2	3	4	매우 필요하다 5	합계	평균	표준편차
빈도	1	5	35	87	34	162	3.91	.78
%	0.6	3.1	21.6	53.7	21.0	100		

초·중·고등학교별로 살펴보면 전반적으로 필요성 인식 정도는
비슷한 분포를 보이면서, 초등학교에서의 평균이 가장 높게 나타
났고 중학교와 고등학교는 비슷한 수준을 나타냈다.

〈표 Ⅴ-4〉 초·중·고별 광고활용교육 필요성에 대한 의견

구분		전혀 필요 없다 1	2	3	4	매우 필요하다 5	합계	평균	표준 편차
초등 학교	빈도	0	1	14	35	16	66	4.00	.72
	%	0.00	1.52	21.21	53.03	24.24	100		
중학교	빈도	0	2	9	25	7	43	3.86	.74
	%	0.00	4.65	20.93	58.14	16.28	100		
고등 학교	빈도	1	2	12	27	11	53	3.85	.86
	%	1.89	3.77	22.64	50.94	20.75	100		

　　광고활용교육이 필요한 이유로는 표현능력 및 창의성 향상을 위해 필요하다는 의견이 가장 많았다. 이해능력 향상과 교과 내용 학습 이해를 돕기 위해 필요하다는 의견도 비슷한 수준으로 높게 나타났다. 이는 광고활용교육이 창의성 및 이해능력 향상을 목표로 발전되어야 함을 의미하는 것으로, 광고활용교육의 목표에 대해서도 교사들은 이해능력 향상 및 창의성 향상을 교육목표로 정해야 한다는 의견을 나타냈다.

〈표 Ⅴ-5〉 광고활용교육이 필요한 이유

항목	평균	표준편차
수업에 대한 이해와 학업성취도를 높이기 위해 필요	3.72	.87
학생들의 자발적 참여를 유도하기 위해 필요	4.02	.73
표현능력 및 창의성을 향상시키기 위해 필요	4.26	.80
생각하기(사고력, 발상능력 등) 교육에 활용하기 위해 필요	4.15	.79
말하기(구술, 토론, 스피치 등) 교육에 활용하기 위해 필요	3.67	.92
글쓰기(논술, 문장력 등) 교육에 활용하기 위해 필요	2.99	1.00
듣기/보기(분석, 비평 능력 등) 교육에 활용하기 위해 필요	4.14	.79

〈표 Ⅴ-6〉 초·중·고별 광고활용교육 필요성에 대한 의견

광고활용교육의 필요성	구분		전혀 그렇지 않다 1	2	3	4	매우 그렇다 5	평균	표준편차
수업에 대한 이해와 학업성취도를 높이기 위해 필요	초	빈도	0	5	18	34	9	3.71	.80
		%	0.0	7.6	27.3	51.5	13.6		
	중	빈도	0	4	10	19	10	3.81	.91
		%	0.0	9.3	23.3	44.2	23.3		
	고	빈도	2	5	9	31	6	3.64	.94
		%	3.8	9.4	17.0	58.5	11.3		

광고활용교육의 필요성	구분		전혀 그렇지 않다 1	2	3	4	매우 그렇다 5	평균	표준편차
학생들의 자발적 참여를 유도하기 위해 필요	초	빈도	0	2	7	40	17	4.08	.69
		%	0.0	3.0	13.6	37.9	45.5		
	중	빈도	1	1	5	24	12	4.05	.84
		%	0.0	7.0	9.3	34.9	48.8		
	고	빈도	0	2	8	36	7	3.91	.66
		%							
표현능력 및 창의성을 향상시키기 위해 필요	초	빈도	0	2	9	25	30	4.25	.81
		%	0.0	4.5	13.6	42.4	39.4		
	중	빈도	0	3	4	15	21	4.26	.90
		%	0.0	4.7	18.6	34.9	41.9		
	고	빈도	0	1	5	26	21	4.26	.71
		%							
생각하기(사고력, 발상능력 등) 교육에 활용하기 위해 필요	초	빈도	0	3	9	28	26	4.15	.83
		%	3.0	12.1	19.7	47.0	18.2		
	중	빈도	0	2	8	15	18	4.14	.89
		%	0.0	16.3	23.3	46.5	14.0		
	고	빈도	0	1	5	32	15	4.15	.66
		%							
말하기(구술, 토론, 스피치 등) 교육에 활용하기 위해 필요	초	빈도	2	8	13	31	12	3.63	1.01
		%	4.5	25.8	40.9	21.2	6.1		
	중	빈도	0	7	10	20	6	3.58	.93
		%	7.0	18.6	39.5	27.9	7.0		
	고	빈도	0	4	12	29	8	3.77	.80
		%							
글쓰기(논술, 문장력 등) 교육에 활용하기 위해 필요	초	빈도	3	17	27	14	4	2.98	.96
		%	0.0	3.0	10.6	48.5	37.9		
	중	빈도	3	8	17	12	3	3.09	1.02
		%	0.0	4.7	9.3	53.5	32.6		
	고	빈도	4	15	20	10	4	2.91	1.04
		%							

광고활용교육의 필요성	구분		전혀 그렇지 않다 1	2	3	4	매우 그렇다 5	평균	표준편차
듣기/보기(분석, 비평 능력 등) 교육에 활용하기 위해 필요	초	빈도	0	2	7	32	25	4.23	.75
		%	0.0	3.0	10.6	48.5	37.9		
	중	빈도	0	2	4	23	14	4.14	.77
		%	0.0	4.7	9.3	53.5	32.6		
	고	빈도	1	1	8	27	16	4.06	.84
		%							

4) 광고활용교육의 기대 및 효과

광고활용교육의 (기대)효과에 대해서는 수업에 흥미를 갖게 할 수 있다는 점과 주의집중에 효과가 있을 것이라는 점이 높게 평가된 가운데, 전체적으로 높은 교육효과가 있을 것으로 평가하였다.

〈표 Ⅴ-7〉 광고활용교육의 (기대)효과

항목	평균	표준편차
학생들이 수업에 주의, 집중을 잘한다	4.27	.72
학생들이 수업에 자발적으로 참여한다	3.95	.81
학생들이 수업에 흥미를 갖는다	4.39	.63
학생들의 창의성이 풍부해진다	4.14	.83
학생들이 광고/경제/사회현상 등에 더 많은 관심을 갖는다	3.94	.90

〈표 Ⅴ-8〉 초·중·고별 광고활용교육의 (기대)효과

항목	구분	전혀 그렇지 않다 1	2	3	4	매우 그렇다 5
학생들이 수업에 주의, 집중을 잘 한다	초			6	33	27
	중		3	3	18	18
	고		1	4	28	19
학생들이 수업에 자발적으로 참여 한다	초			11	34	21
	중		4	8	22	8
	고	1	2	13	26	10
학생들이 수업에 흥미를 갖는다	초			3	31	32
	중			6	19	17
	고		1	1	25	26
학생들의 창의성이 풍부해진다	초		3	8	25	30
	중		3	5	22	12
	고	1		9	26	17
학생들이 광고/경제/사회현상 등에 더 많은 관심을 갖는다	초		2	15	30	19
	중	1	7	4	18	12
	고	1	1	9	28	13

5) 광고활용교육 시행이 어려운 이유

학교에서 광고활용교육이 이루어지기 어려운 이유에 관한 조사 결과, 가장 어려운 이유로는 교과 내용만 다루기에도 수업시간이 부족해서, 필요성은 느끼지만 광고활용교육을 실시할 수 있는 환경(교재, 기자재, 시설 등)이 아직 마련되지 않았다는 점 등이 높게 나타났다.

〈표 Ⅴ-9〉 광고활용교육을 실시하기 어려운 이유

광고활용교육을 실시하기 어려운 이유	1순위		2순위	
	빈도	%	빈도	%
학교에서 광고활용의 필요성을 느끼지 못하기 때문	21	12.96	9	5.56
필요성은 느끼지만 이를 적극적으로 추진할 선생님이 없기 때문	22	13.58	30	18.52
필요성은 느끼지만 활용할 수 있는 환경을 갖추지 못했기 때문	45	27.78	55	33.95
교과 내용만 다루기에도 수업시간이 부족해서	57	35.19	43	26.54
교과과정으로 포함되지 못했기 때문에	17	12.96	25	15.43
합계	162	100	162	100

〈표 Ⅴ-10〉 광고활용교육을 실시하기 어려운 이유 (1순위)

광고활용교육을 실시하기 어려운 이유	초등학교	중학교	고등학교	합계
학교에서 광고활용의 필요성을 느끼지 못하기 때문	11	2	8	21
필요성은 느끼지만 이를 적극적으로 추진할 선생님이 없기 때문	10	7	5	22
필요성은 느끼지만 활용할 수 있는 환경을 갖추지 못했기 때문	22	12	11	45
교과 내용만 다루기에도 수업시간이 부족해서	21	18	18	57
교과과정으로 포함되지 못했기 때문에	2	4	11	17

〈표 Ⅴ-11〉 광고활용교육을 실시하기 어려운 이유 (2순위)

광고활용교육을 실시하기 어려운 이유	초등학교	중학교	고등학교	합계
학교에서 광고활용의 필요성을 느끼지 못하기 때문	2	2	5	9
필요성은 느끼지만 이를 적극적으로 추진할 선생님이 없기 때문	6	11	13	30
필요성은 느끼지만 활용할 수 있는 환경을 갖추지 못했기 때문	21	14	18	53
교과 내용만 다루기에도 수업시간이 부족해서	22	11	12	45
교과과정으로 포함되지 못했기 때문에	15	5	5	25

6) 광고활용교육의 교육목표

광고활용교육의 교육목표에 대해서는 광고(에 나온 내용)를 이해/파악하는 능력을 길러 주는 것이라는 응답과 광고(에 나온 내용)를 교육자료로 활용하여 교과 내용에 대한 이해 및 학습효과를 높이는 것이라는 응답이 동일한 수준에서 가장 높게 나타났다. 광고 아이디어 및 카피를 통해 말하기/쓰기/논술 등 의사소통 능력을 키우는 것을 목표로 삼아야 한다는 의견과 광고 영상의 아름다움을 알고, 이를 바탕으로 창의적 표현능력을 키우는 것을 목표로 해야 한다는 의견도 비슷한 수준에서 두 번째로 높은 교육목표 항목으로 나타났다.

〈표 Ⅴ-12〉 광고활용교육의 교육목표에 대한 의견

항목	평균	표준편차
광고 아이디어 및 카피를 통해 말하기/쓰기/논술 등 의사소통 능력을 키우는 것	3.99	.85
광고 영상의 아름다움을 알고, 이를 바탕으로 창의적 표현능력을 키우는 것	3.98	.87
다양한 매체의 광고를 제작할 수 있는 방법과 기술 등을 배우는 것	3.22	.98
광고(에 나온 내용)를 이해/파악하는 능력을 길러 주는 것	4.06	.79
광고(에 나온 내용)를 교육자료로 활용하여 교과 내용에 대한 이해 및 학습효과를 높이는 것	4.06	.87
학생들과 선생님의 광고에 대한 관심을 수용하는 것	3.41	.85

〈표 Ⅴ-13〉 초·중·고별 광고활용교육의 교육목표

항목	구분	전혀 그렇지 않다 1	2	3	4	매우 그렇다 5
광고 아이디어 및 카피를 통해 말하기/쓰기/논술 등 의사소통 능력을 키우는 것	초		2	12	34	18
	중		3	6	21	12
	고		6	7	24	16
광고 영상의 아름다움을 알고, 이를 바탕으로 창의적 표현능력을 키우는 것	초		3	18	29	16
	중		6	2	19	15
	고		2	10	24	17
다양한 매체의 광고를 제작할 수 있는 방법과 기술 등을 배우는 것	초	2	15	23	16	10
	중	1	10	18	8	5
	고	1	8	24	16	3
광고(에 나온 내용)를 이해/파악하는 능력을 길러 주는 것	초		1	12	32	20
	중		1	9	17	15
	고	1	2	6	32	12
광고(에 나온 내용)를 교육자료로 활용하여 교과 내용에 대한 이해 및 학습효과를 높이는 것	초		5	9	27	25
	중	1	1	7	20	13
	고		3	8	26	16
학생들과 선생님의 광고에 대한 관심을 수용하는 것	초	1	5	29	28	3
	중		6	14	18	4
	고	2	7	18	21	4

7) 광고활용교육의 발전방안

광고활용교육의 발전방안에 관한 의견에서는 광고활용 교사연수 프로그램 확대와 광고관련 기관 및 교육기관의 광고활용교육 프로그램이 운영되어야 한다는 의견이 가장 높게 나타났다.

〈표 Ⅴ-14〉 광고활용교육의 발전방안에 관한 의견

항목	평균	표준편차
광고활용교육에 대한 체계적 연구	4.05	.78
광고활용교육 실행을 위한 교수학습법/교안 개발	4.33	.71
인적 인프라 구축(교사양성 및 교사교육 지원 등)	4.06	.80
물적 인프라 구축(광고물 데이터베이스, 교육 콘텐츠 등)	4.12	.76
실습용 기자재, 시설 마련 및 확충을 위한 지원	3.89	.86
광고관련 기관 및 교육기관의 지원제도 마련	3.89	.80
광고관련 기관 및 교육기관의 광고활용교육 프로그램 운영	4.11	.81
광고활용 교사연수프로그램 확대	4.27	.71
광고활용 교사 양성 시스템 마련	3.75	1.02
광고활용의 독립 교과목화	2.77	1.10
광고활용 필요성과 그 대안 마련을 위한 사회 전반, 교육계 및 개인의 의식 전환	3.58	.88
입시 위주의 교육 등, 한국 교육의 목표와 그 방법에 관한 사회전반, 교육계 및 개인의 의식 전환	3.84	.94

<표 Ⅴ-15> 초·중·고별 광고활용교육의 발전방안에 관한 의견

항목	구분	전혀 그렇지 않다 1	2	3	4	매우 그렇다 5
광고활용교육에 대한 체계적 연구	초		2	14	29	21
	중		3	7	22	10
	고			9	26	17
광고활용교육 실행을 위한 교수학습법/ 교안 개발	초			6	35	25
	중	1	1	3	17	20
	고			5	21	26
인적 인프라 구축(교사양성 및 교사교 육 지원 등)	초		2	13	29	22
	중	1	2	5	20	14
	고			10	30	13
물적 인프라 구축(광고물 데이터베이스, 교육 콘텐츠 등)	초			12	30	24
	중	1	1	7	19	14
	고		1	7	30	14
실습용 기자재, 시설 마련 및 확충을 위 한 지원	초		1	17	34	14
	중	2	2	12	16	10
	고		3	9	25	15
광고관련 기관 및 교육기관의 지원제도 마련	초		1	10	40	15
	중	2	3	7	24	6
	고	1		13	29	9
광고관련 기관 및 교육기관의 광고활용 교육 프로그램 운영	초		1	6	33	26
	중	2	1	6	24	9
	고	1		8	28	15
광고활용 교사연수프로그램 확대	초			5	31	30
	중	1	1	6	17	16
	고			4	31	18
광고활용 교사 양성 시스템 마련	초		4	17	27	18
	중	1	10	8	12	11
	고	1	5	15	17	15
광고활용의 독립 교과목화	초	10	18	21	16	1
	중	7	10	14	10	1
	고	7	11	22	6	7
광고활용 필요성과 그 대안 마련을 위한 사회전반, 교육계 및 개인의 의식 전환	초		8	20	29	9
	중	1	3	13	20	5
	고	1	5	17	23	7
입시위주의 교육 등, 한국 교육의 목표 와 그 방법에 관한 사회 전반, 교육계 및 개인의 의식 전환	초		6	15	30	15
	중	2	2	9	20	9
	고	1	3	10	23	15

8) 광고활용교육 실시 교사에 관한 지원 방안

광고활용교육을 실시하는 교사에 관한 지원방안에 대해서는 발전방안에서 나타난 바와 같이 교사연수 프로그램의 확대되어야 한다는 의견이 가장 높게 나타나, 교사들의 교육 프로그램에 대한 참여의사 및 욕구가 높은 것을 확인할 수 있었다.

〈표 Ⅴ-16〉 광고활용교육 교사에 관한 지원 방안에 대한 의견

항목	평균	표준편차
교사연수를 통한 광고활용 교육	4.35	.69
광고산업 및 학계의 전문강사 초빙 교육	3.78	.91
대학 광고관련 학과를 활용한 교육	3.40	.85
교육대/사범대의 광고활용 교육 추가	3.44	1.01

〈표 Ⅴ-17〉 초·중·고별 광고활용교육의 교육목표

항목	구분	전혀 그렇지 않다 1	2	3	4	매우 그렇다 5
교사연수를 통한 광고활용 교육	초			5	30	31
	중		1	5	18	19
	고		1	4	23	24
광고산업 및 학계의 전문강사 초빙 교육	초	1	1	20	28	16
	중	2	4	12	18	7
	고	1	1	14	24	12
대학 광고관련 학과를 활용한 교육	초	1	6	28	26	5
	중	2	5	16	18	2
	고	2	2	23	22	4
교육대/사범대의 광고활용 교육 추가	초	4	7	17	28	10
	중	2	7	15	14	5
	고	2	3	21	20	6

Ⅵ. 광고활용교육 발전방안

1. 맺는말

광고활용교육의 궁극적인 목표는 광고 리터러시를 가진 사람을 육성하는 것이다. 미디어로서 광고에 대한 읽고 쓸 수 있는 능력을 갖추도록 하는 것이다. NIE를 비롯한 기존 미디어교육 분야의 이론에서 출발하여 광고가 창의적 인간 양성을 위한 교육목표 그리고 교육적 역할을 담당할 수 있음을 제안하였다. 또한 마케팅, 경제교육, 커뮤니케이션, 설득, 인간심리, 관계관리, 영상디자인, 음악과 미술, 다양한 교육 분야와 관련을 갖는다(김기태 외, 2006). 그럼에도 불구하고 광고활용교육이 학교현장에서 확대되기 위해서는 해결해야 할 문제들이 남아 있다.

첫째, 커리큘럼 개발, 교육과정 편입, 교과서 및 지도서, 다양한 교재 및 자료 연구 개발, 수업 모델 개발, 교사 교육 프로그램 및 교사 대상 연수 확대 등 제도적 뒷받침이 필요하다.

둘째, 교사의 인식 제고와 더불어 자발적인 교사 커뮤니티 및 네트워크가 필요하다.

셋째, 광고관련 단체 및 기관의 적극적인 협조와 지원이 필요하다.

넷째, 교사 대상 교육 프로그램의 질적 향상이 이루어져야 한다.

다섯째, 광고활용교육의 활성화를 위해서는 자발적이고 능동적인 교사의 의지와 열정이 가장 중요하다.

앞서 살펴본 사항들에 대한 제도적 지원과 관련기관 및 교사들의 노력을 바탕으로 광고를 활용한 창의성 교육이 활성화될 것으로 기대한다.

2. 광고활용교육 발전을 위한 제언

현재의 광고활용교육은 이제 개념이 도입되고, 일부 시험적인 시도가 이루어지고 있으며, 필요성이 점증되고 있는 상황이다. 또한 연구 분야에서도 개념을 정립하고 영역을 설정하는 단계이다. 상품의 수명주기에 빗대어 표현하면 도입기에 해당한다고 하겠다. 광고활용교육의 궁극적인 발전은 도입기를 속히 벗어나서 성장기, 성숙기로 단계를 옮겨 가는 것이다. 따라서 각 단계마다 그에 상응하는 적절한 발전방안이 필요하다.

1) 초기의 방안

상품의 경우, 일반적으로 도입기의 전략은 인지에 중점을 두고, 상품의 기능이나 이점, 사용방법 등에 관한 정보를 제공하여 1차적인 수요를 자극하며, 시험구매를 유도하는 데 힘을 쓴다. 광고활용교육도 인지를 확대하고, 유용성을 알림으로써 시험적인 적용을 도모해야 한다.

그러나 광고활용교육이 매우 유용한 교육수단이라고 해도 인지도 제고, 시험적 활용 등을 위해서는 몇 가지 분명한 전제가 필요하다.

첫째, 광고활용교육에 대한 개념과 영역의 정립이다.
본 연구에서 광고활용교육의 개념을 제시했고, 기본적인 영역 및 관련 영역을 언급하였으나 아직은 구체적이고 확고한 체계를 가지고 있다고 보기는 어렵다. 광고활용교육의 기본적인 개념은 용어에 나타난 대로지만, 구체적인 측면에서 여러 관련 개념과의 구분이나 공통점 등에 대한 심도 있는 연구는 아직 충분하지가 않다. 개념의 확고한 정립은 영역의 분명한 확인으로 이어질 수 있다. 그러나 광고활용교육의 영역은 발굴하기에 따라 계속 확장될 수도 있으므로 한정적이라고 보기는 어려울 것이다.

둘째, 광고활용교육 개념과 이해의 신속한 확산이다.

광고활용교육이 처음 시도된 것은 1997년부터지만, 분명한 명칭으로 제창된 것은 불과 3년에 지나지 않는다. 여러 차례 학회 및 저술을 통해 개념을 알리려는 시도가 있었고, 그로 인해 학계 일각에서는 관심을 갖는 학자들이 등장하게 되었다. 그러나 현재로서는 광고활용교육과 광고교육을 혼동하는 수준이거나, 광고 리터러시를 광고활용교육의 목표로 간주하는 정도로 보인다. 이로 미루어 광고활용교육이 정확하게 인지되었다고 보기는 어렵다. 학교교육현장에서는 일부 교사들에 의해 광고활용교육이 실시되고 있으나 아직 대다수 교사들 사이에서는 광고를 교육에 활용하는 것은 고사하고, 광고에 대한 관심조차 부족한 실정이다. 이는 아직까지 광고활용교육에 대한 이해가 부족한 때문으로 보인다. 따라서 광고활용교육의 개념 전파가 지속적이고 확대재생산적으로 이루어져야 할 것이다.

셋째, 광고활용교육을 실시할 수 있는 기본 시스템의 개발이다.

광고활용교육의 유용성을 인지하고 있는 일선 학교 교사들 중 상당수는 활용할 수 있는 콘텐츠를 어떤 경로로 입수할 것인지,

광고를 어떻게 가공해서 교과 내용에 연결시킬 수 있는지를 알지 못하고 있다. 활용가능한 콘텐츠를 개발하는 시스템과 이를 공급하는 시스템을 구축해야 한다. 현재는 전국국어교사모임(http://www.naramal.or.kr/)이 자생적, 자발적으로 이 역할을 어느 정도 담당하고 있다고 하겠다.

넷째, 연구기반의 확충이다.

광고활용교육은 사회에 없던 현상을 제시한 것은 아니다. 그러나 광고를 교육에 활용하는 수준은 미미했고, 체계가 갖추어지지 않았고, 개념 역시 불명확했었다. 이런 현상을 명명하고, 정의하고, 유용성을 체계적으로 밝히고, 활용가능성을 모색하는 것이 광고활용교육 연구의 역할이다. 광고활용교육 연구를 주도하는 정부나 교육기관, 대규모 조직이 없는 현실에서는 몇몇 관심 있는 학자들의 자발적인 연구에 의존해야 하는데 이마저 기반이 부실하여 쉽지 않다. 이를 위해 몇몇 학자들이 연구에 나서기는 했으나 외부 지원은 거의 받지 못하고 있다. 수차례에 걸쳐 광고활용교육의 연구와 실질적인 적용을 도모하기 위한 재원을 마련하기 위한 시도가 있었지만 별다른 성과를 거두지 못하였다. 광고관련 기관이나 단체, 학술진흥 단체 등의 적극적인 지원이 연구의 성패를 가름할 수 있다.

2) 발전단계의 방안

광고활용교육의 개념과 영역을 어느 정도 획정하고, 인식이 확산되고, 이론적 배경과 기본적인 시스템이 구축되면 발전단계에

진입할 수 있을 것으로 보인다. 발전단계에서는 실제로 광고를 교육에 활용하기 위한 총체적 체계를 구축하여 광고활용교육을 보편화하는 것을 목적으로 설정할 수 있다. 이를 위해 구체적으로 해야 할 일은 크게 세 가지로 요약할 수 있다.

첫째, 기본적인 시스템에서 진일보하여 지속가능 운영 시스템을 구축하는 것이다.

초기단계의 시스템은 파편적이고 제한적인 광고활용교육 콘텐츠를 만들고 그것을 제한된 교사에게 제공하는 형태인 데 비해, 발전단계의 시스템은 광고활용교육의 허브(hub) 역할을 할 수 있는 방대한 구성체이다. 지속가능 운영 시스템은 온라인상에서 구축되어 누구나 언제나 어디서나 접속이 가능하도록 한다. 전반적인 구조는 교과과정 내용과 광고 자료의 수집 → 수집된 자료의 가공을 통한 교육 콘텐츠화 → 교육 콘텐츠의 배포 → 활용된 콘텐츠의 재수집 → 재가공을 통한 업그레이드 등 순환과정으로 운영될 것이다. 물론 구조가 작동하도록 하기 위해서는 온라인상의 시스템을 운영하기 위한 오프라인상의 기반도 필요하다.

둘째, 광고활용교육의 교육 시스템 구축이다.

광고활용교육을 어떻게 적용하고 응용할 것인가에 대해서는 체계적인 교육이 필요하다. 이를 위해서는 학계와 일선 초중고교 교사, 광고업계가 공동으로 교육 프로그램을 개발하고, 교육을 실시하여야 한다. 교육 시스템은 교육 프로그램의 개발, 교육 교재의 개발, 교육자의 육성, 교육자의 참여 경로 구축 등으로 구성된다. 교육 프로그램은 학년별, 교과별, 적용영역별 등 세분화된 대상에 따라 구성될 것이다. 이러한 교육 프로그램은 광고학자만으로는 불가능하며, 교육전문가, 현장 경험과 능력이 있는 일선 교사, 교육 수요자, 광고전문가 등이 함께 참여하여야 한다. 교육 프로그램을 실제로 운영할 수 있는 교육자의 교육은 선도자가 시행착오를 거치면서 실시할 수밖에 없을 것이다. 교육 교재의 개발 역시 교육 프로그램에 맞춰 구성될 뿐 아니라 피교육자의 수준에 따라 입문, 기초, 활용, 심화 등 단계로 구분되어야 한다. 교육자의 참여 경로 구축은 일선 교사들의 의지가 있다면 비교적 수월할 수 있다. 그러나 보다 활발한 광고활용교육의 보급을 위해서는 제도적 뒷받침, 이를테면 교육부의 교사평가제도 반영 같은 인센티브가 필요하다.

셋째, 지속가능 운영 시스템과 교육 시스템의 구축과 유지를 위한 지원 시스템의 확립이다.

여기에는 두 가지 측면의 지원이 필요한데, 하나는 재정적 지원이고, 또 하나는 제도적 뒷받침이다. 재정적 지원은 광고활용교육의 모든 시스템을 무상으로 활용할 수 있게 한다는 전제 아래 앞의 두 시스템을 운영하는 데 필요한 비용을 충당하는 것이 주된 목적이다. 이를 위해서는 정부나 산하기관 또는 기업이나 광고업계 등에서 출연하여 광고기금(Advertising Fund)과 같은 기구를 설립하는 방안이 적당하다. 그렇지 않다면 현재 광고와 관련된 기관이나 조직에서 재정을 부담하는 방안도 고려해 볼 수 있다. 제도적 뒷받침은 광고활용교육이 정착되도록 교육과 관련된 법령이나 제도를 정비하는 것이다.

3) 심화단계의 방안

실질적으로 광고활용교육의 발전방안은 발전단계가 최종적이라고 할 수 있다. 심화단계는 광고활용교육의 제 시스템들이 자율적으로 운영되면서 새로운 파생활동으로 영역을 넓히는 단계이다. 인위적으로 광고활용교육을 어떻게 발전시키는 단계가 아니지만, 광고활용교육의 예상되는 변화에 대해서는 관심을 가져야 한다. 구체적으로 어떠한 현상들이 나타날지는 알 수 없으나, 다음과 같은 몇 가지를 예상할 수 있다.

첫째, 광고활용교육을 표방하는 조직의 확산이다.

물론 이러한 현상은 발전단계에서 이미 시작될 것이라고 예상되지만, 그 단계에서는 광고활용교육의 신속한 보급과 보다 원활한 콘텐츠 제공이라는 긍정적 측면이 더욱 부각된다는 점에서 오히려 바람직한 현상이라고 할 수 있다. 이것이 상업적으로 변질되거나 하나의 문화권력으로 오용될 가능성도 완전히 배제할 수는 없다. 이에 대한 대비책으로는 광고활용교육의 중심적인 조직을 제도적으로 분명하고 공고히 하는 것이다.

둘째, NIE에서 알 수 있듯이, 광고활용교육이 학교 밖으로 나오면 또 다른 교육의 영역을 구축할 수 있다.

NIE가 논술교육을 표방한 것처럼, 광고활용교육 역시 논술, 창의성 교육 등을 내세울 수 있다. 이것을 부정적인 측면에서 보면 사교육의 확장이라고 할 수도 있으나, 긍정적인 측면에서는 창의성과 논술 교육의 집중화로 간주할 수 있다. 또한 광고관련 전공

대학생들에게는 사교육뿐 아니라 방과 후 학교 등 공교육의 범위에서 광고를 교육에 접목시킬 수 있는 방법이기도 하다. 이러한 현상은 정부의 교육정책이나 시대적인 상황에 따라 가변적이기는 하지만, 광고활용교육이 생물처럼 스스로 번식해 가는 과정에서 필연적이라고 할 수 있다. 광고활용교육이 이러한 현상을 내부적으로 포용한다면 대학 교육에서도 광고활용교육을 중요한 진로로 활용할 수 있다.

셋째, 광고활용교육에 유용한 광고가 하나의 트렌드로 자리 잡을 수 있다.

광고는 수용자들에게 빈번히 노출되고 이해되고 기억되는 것이 효과적이므로, 광고를 그렇게 활용하는 기회를 놓치는 것은 어리석은 일이다.

즉 광고활용교육은 광고의 추가적인 효과를 높일 기회를 제공하는 것이므로 광고가 교육현장에서 활용가능한 형태 및 내용으로 기획, 제작될 가능성은 충분하다. 이는 광고활용교육이 광고산업의 윤리적, 내용적 측면을 정화하는 부수적인 기능을 수행하는 경우라고 하겠다.

이와 같은 내용을 하나의 도표로 정리하면 다음과 같다.

<그림 Ⅵ-1> 광고활용교육 발전방안

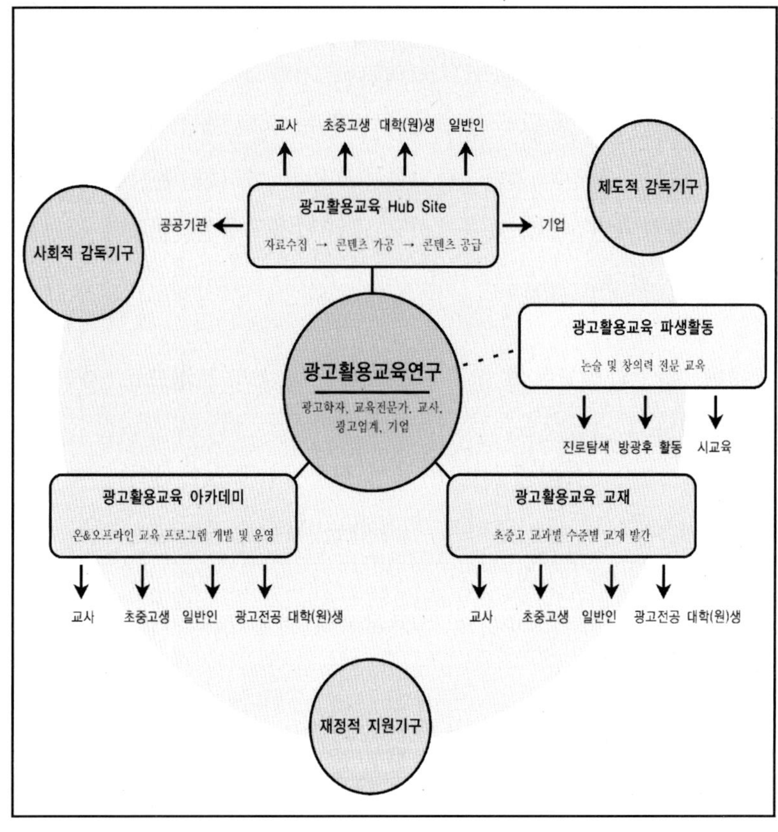

 광고활용교육을 체계화하고 내용을 구성하는 것은 연구자들이
할 수 있는 일이지만, 결국 광고활용교육의 발전을 위해서 가장
중요한 것은 필요성에 대한 공감대의 확산과 광고업계와 정부 및
관련 기관의 제도적, 재정적 뒷받침이다. 이러한 역할을 할 수 있
는 기관과 기업, 뜻있는 광고인과 학자들의 동참이 필수적이다.

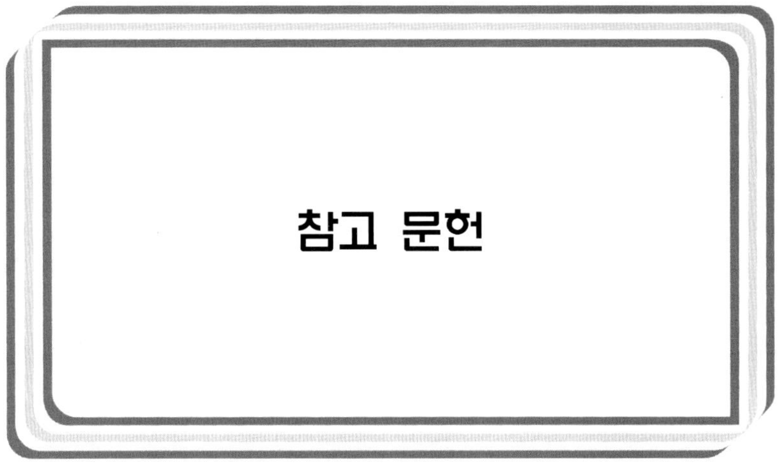

참고 문헌

〈국내 문헌〉

교육기본법. 1장. 2조, 9조.

김기태 (2005). 「한국 미디어교육의 진단과 평가, 초·중·고 교육 현장 속에서 미디어교육」, 한국언론학회: 제2차 미디어교육 국내 심포지엄 자료집.

김기태, 정회성, 강진숙, 임성호, 최웅환, 김영순, 김영은, 최상희, 이희복 (2006). 「미디어교육과 교과과정」, 서울: 커뮤니케이션북스.

김영순 (2003). 미디어교육 정책과 교육과정, 한국언론학회 가을학술대회 발표집.

김영순, 이도환 (2003). 미디어교육을 위한 광고 읽기 방법론, 한국광고홍보학회 춘계학술대회 자료집.

리대룡 김재영 차유철 김영순 조병중 김언동 (2005). 광고길라잡이. 광고단체연합회.

리대룡 (2007a). 광고이데올로기는 광고활동의 핵이다. 광고계동향, 9월

리대룡 (2007b). 공익이나 사회적 책임을 강요당하는 광고. 광고계동향, 8월.

리대룡, 차유철 (2005). 광고크리에이티브사. 한경사.

문철수 (2006), 광고의 인식개선을 위한 광고수용자 교육의 사례, 옥외광고학연구 제3권 2호, 한국옥외광고학회.

문혜성 (2004). 미디어교육학, 서울: 커뮤니케이션북스.

박철 (2005). 광고 뒤집어보기, 내일신문.

염성원 (2006). 영국 광고산업의 이해, 한국방송광고공사 광고연구소.

이희복 (2005a). 광고를 활용한 미디어교육(광고활용교육), 한국광고학회 가을학술대회 발표집.

______ (2005b). 광고를 활용한 미디어교육과 광고리터러시, 한국커뮤니케이션학회 가을학술대회 발표집.

______ (2006a). 올바른 미디어교육 필요하다, 조선일보. 1월 12일 독자칼럼.

______ (2006b). 교과서에 나타난 광고에 대한 표현, 광고단체연합회 보고서.

______ (2006c). 광고활용미디어교육과 교과과정, 미디어교육과 교과과정. 서울: 커뮤니케이션북스.

______ (2007). 교과서분석 보고서. 교육인적자원부 미발표 자료.

한국광고단체연합회 (2005).「초·중·고 교사 광고연수 교재」.

한국언론재단 (2003). 한국의 미디어교육, 서울: 한울.

한겨레(2002). '넥타이와 청바지', 광고 국어교과서 수록. 3월 28일.

〈국외 문헌〉

Baacke, D. (1996). Medienkompetenz als Netzwerk. In Medien Praktisch. Zeitschrift füä 20 Jg. 4~10.

Buckingham D. (2003). Media Education: literacy, learning and contemporary culture, Polity. 기선정·김아미 옮김 (2004).「미디어교육: 학습, 리터러시 그리고 현대문화」.

Wright, Charles R. (1960). "Functional Analysis and Mass Communication", Public Opinion Quarterly, pp.612－620.

〈참고 웹사이트〉

국어교사모임: www.naramal.or.kr
김영길: my.dreamwiz.com/car0102/
깨끗한 미디어 교사 운동: cleanmedia.njoyschool.net
한국광고단체연합회: www.adic.co.kr
한국신문협회: www.presskorea.or.kr/nie/nie04.asp. 2006.1.2.
AEF: www.aef.com
AQA: www.aqa.org.uk
British Film Institute: www.bfi.org.uk
English and Media Centre: www.englishandmedia.co.uk
OCR:

  www.ocr.org.ukwww.ocr.org.uk/OCR/Website/Data/Publication/Speci
  fications,Syllabuses&Tutors

Handbooks:

  www.ocr.org.uk/OCR/Website/Data/Publication/TeacherSupport&Cou
  rsework

WJEC: www.wjec.co.uk, www.wjec.co.uk/gmedia05.pdf
  www.bfi.org.uk/education/resources/teaching/secondary/miic
  www.bfi.org.uk/education/resources/teaching/secondary/schemeofwork

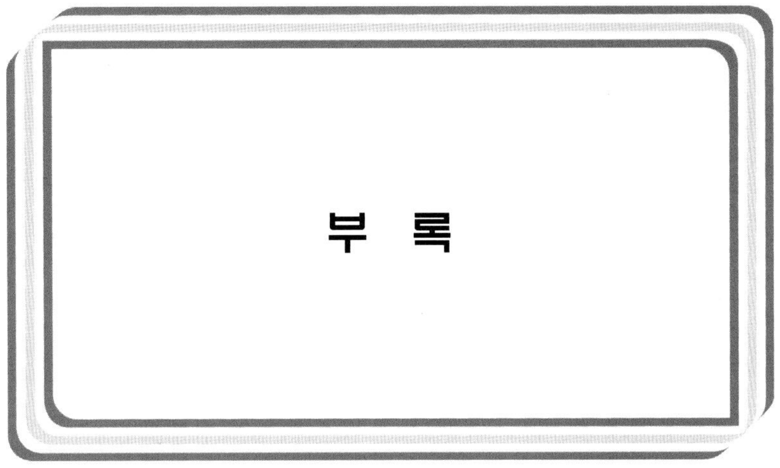
부 록

[부록 1] 광고활용교육 현황과 인식 조사 설문지

<table>
<tr><td>No.</td><td></td><td></td><td></td></tr>
</table>

설 문 지

안녕하십니까?

바쁘신 가운데 설문에 응해 주셔서 감사합니다.

본 설문은 <광고활용교육 발전방안에 관한 연구>의 기초 자료를 얻기 위한 것입니다.

'광고활용교육'이란 광고를 콘텐츠로서, 미디어로서 교육에 활용하는 것을 말합니다. 광고가 갖는 창의성과 주목성, 몰입성의 장점을 살려, 광고를 비판적으로 읽고(분석) 창의적으로 쓰는(생산) 등을 포함합니다. 수업에 광고를 활용하는 것도 넓은 의미의 '광고활용교육'이라 할 수 있습니다.

이에 대한 **광고활용 정도와 인식**을 알아보고 바람직한 대안을 모색하고자 합니다. 선생님의 응답은 본 연구에 귀중한 자료로 사용되므로, 한 문항도 빠뜨리지 말고 성의 있는 답변을 부탁드립니다. 또한, 선생님의 모든 응답은 학술적인 목적 이외에는 사용되지 않을 것임을 약속드립니다.

아래 제시된 지시문을 보고 내용을 숙지한 후, 각 문항에 대해 자신의 느낌이나 생각을 있는 그대로 솔직하게 응답해 주시기 바랍니다.

선생님의 협조에 다시 한 번 감사드립니다.

강원언론학회 광고활용교육 연구팀 (033 - 730 - 0282)

※ 안내자의 지시에 따라 설문지에 응답을 시작해 주십시오.

광고활용은 어떠합니까?

※ 항목을 잘 읽으신 후, 각 문항에 대해 <u>선생님의 생각이나 느</u><u>낌에 해당하는 번호에 V표</u> 해 주십시오.

1. 선생님께서는 '광고활용'에 대해 어느 정도 알고 계십니까?

　　전혀 모르고 있다　　　　　　　　　　　　매우 잘 알고 있다

　　①－－－－－－②－－－－－③－－－－－－④－－－－－⑤

※ 다음은 선생님의 학교에서 실시하고 있는 광고활용에 대한 질문입니다.

2. 광고활용은 다음 중 어떤 형태로 진행됩니까? <u>해당하는 항목</u><u>에 모두 V표</u> 해 주시기 바랍니다.

　□ 창의적 재량활동

　□ 특별활동(CA)

　□ 학교에서 원하는 사람에 한해서 교육받는 특기적성교육(방　　과 후 수업)

　□ 학생 자율적인 동아리 활동

　□ 정규과목(국어, 사회, 미술 등)의 교과 내용에서 광고에 대　　해 언급하는 내용만 교육

　□ 기존 교과 내용 중에서 교사 재량으로 실시

　□ 그 밖의 예가 있다면 적어 주십시오.

　　　(　　　　　　　　　　　　　　　　　　　　　　　　)

3. 광고를 활용하기 시작한 것은 몇 년도부터입니까?

　　　＿＿＿＿＿＿＿ 년

4. 광고를 활용하고 있는 대략적인 시간은 어떻습니까? 학기당 총
　시간: 약 ＿＿＿＿＿＿＿ 시간

5. 광고활용의 내용은 어떻습니까? **해당하는 항목에 모두 V표** 해
　주시기 바랍니다.
　　□ 창의적 표현 능력 향상을 위한 광고제작 수업
　　□ 광고에 대한 이해를 바탕으로 건전한 소비문화 교육
　　□ 학습효과 향상을 위한 교육자료로 활용
　　□ 광고를 접목한 창의성 향상 수업
　　□ 광고비평
　　□ 전문 직종으로 인정받고 있는 광고 분야의 진로 및 진학
　　□ 건전한 광고 문화 윤리 의식 교육
　　□ TV, 신문, 잡지, 인터넷, DMB 등 광고 미디어에 관한 내용
　　□ 그 밖의 예가 있다면 적어 주십시오.
　　　（　　　　　　　　　　　　）

6. 주로 어떤 선생님이 **광고를 활용**하고 있습니까? **해당하는 항목
　에 모두 V표** 해 주시기 바랍니다.
　　□ 광고관련 교육을 전공했거나 외부에서 교육을 이수한 타 과
　　　목 선생님
　　□ 광고에 관심 있는 선생님
　　□ 광고활용교육 전문강사

□ 광고 영역의 현업 종사자

□ 그 밖의 사례가 있다면 적어 주십시오.

    (   )

7. 광고를 활용할 때 사용되는 **교재 및 교안**은 무엇입니까? **<u>해당하는 항목에 모두 V표</u>** 해 주시기 바랍니다.

□ 교육연구기관에서 개발, 제공하는 교재/교안

□ 광고활용을 실시한 학교에서 개발한 교재/교안

□ 광고활용을 실시한 담당교사(동료교사)가 개발한 교재/교안

□ 광고관련 기관에서 개발, 제공하는 교재/교안

□ 광고활용 분야 연구자가 개발한 교재/교안

□ 본인이 직접 개발한 교재/교안

□ 그 밖의 예가 있다면 적어 주십시오.

    (   )

8. 광고활용 자료(교재, 광고물 등)는 어떤 경로로 입수하셨습니까?

□ 학교에서 제공

□ 교육기관에서 제공

□ 다른 교사로부터 입수

□ 광고관련 기관에서 입수

□ 인터넷에서 입수

□ 그 밖의 예가 있다면 적어 주십시오.

    (   )

9. 광고를 활용할 때 사용되는 또는 사용될 수 있는 **교육 기자재** 현황은 어떻습니까? <u>**해당하는 항목에 V표**</u> 하시고 수량을 써 주시기 바랍니다.

   ☐ 카메라 (수량: ＿＿＿＿＿＿대)

   ☐ 영상 편집기 (수량: ＿＿＿＿＿＿대)

   ☐ 컴퓨터 (수량: ＿＿＿＿＿＿대)

   ☐ 컬러 프린터 (수량: ＿＿＿＿＿＿대)

   ☐ 디지털 카메라 (수량: ＿＿＿＿＿＿대)

   ☐ 그 밖의 예가 있다면 적어 주십시오.

     (   )

10. 외부에서 실시하는 **광고교육이나 연수**에 참여하셨습니까? (현재 선생님께서 참여하신 2007 광고교원연수프로그램은 제외하고 응답해 주세요.)

   ☐ 예 (10－1, 10－2번에 응답)

   ☐ 아니오 (광고활용에 대한 인식 질문항목으로 이동)

10－1. 참여하신 **교육 및 연수 프로그램**은 무엇입니까?

    교육 및 연수 프로그램명:

    ＿＿＿＿＿＿＿＿＿＿＿＿＿＿＿＿＿＿＿＿＿＿＿＿

    총 교육시간: ＿＿＿＿＿＿＿＿＿＿＿＿＿시간

10－2. 참여하신 **교육 및 연수 프로그램의 내용**은 무엇이었습니까? <u>**해당하는 항목에 모두 V표**</u> 해 주시기 바랍니다.

    ☐ 학교 교육과 광고를 접목해 개발한 창의성 향상 교수법

□ 광고에 대한 이해를 바탕으로 건전한 소비문화를 이끌 수 있는 교수법
□ 올바른 광고 보기 교육법
□ 전문직종으로 인정받고 있는 광고분야의 진로전망 및 진학지도법
□ 광고의 이해와 활용
□ 아이디어 발상 및 전략적 사고
□ 광고(제작)를 활용한 교수학습법 및 실습
□ 광고 활용 수업 사례
□ 광고기획 및 광고제작 실습
□ 건전한 광고 문화 윤리 의식 함양
□ TV, 신문, 잡지, 인터넷, DMB 등 각종 미디어의 운영
□ 그 밖의 예가 있다면 적어 주십시오. ( )

광고활용에 대해 어떻게 생각하십니까?

※ 다음 항목들을 잘 읽으신 후, 각 문항에 대해 <u>해당하는 번호에 V표</u> 해 주십시오.

1. **광고활용**이 어느 정도 **필요**하다고 생각하십니까?

전혀 필요하지 않다   매우 필요하다

①-----------②-----------③-----------④-----------⑤

2. 광고 활용이 어려운 이유가 무엇이라고 생각하십니까? 가장 큰
   이유부터 <u>두 가지만 선택</u>해 주십시오.

   1순위 : _________________

   2순위 : _________________

> 학교에서 광고활용의 필요성을 느끼지 못하기 때문
> 필요성은 느끼지만 이를 적극적으로 추진할 선생님이 없기 때문
> 필요성은 느끼지만 이를 활용할 수 있는 환경(교재, 기자재, 시설
> 등)을 갖추지 못했기 때문
> 교과 내용만 다루기에도 수업시간이 부족해서
> 교과과정으로 포함되지 못했기 때문에

3. 광고활용 필요성에 대한 의견들입니다. 선생님께서 다음 항목에
   대해 <u>어느 정도 동의하시는지 해당하는 번호에 V표</u> 해 주십시오.

항목	전혀 중요하지 않다				매우 중요하다
수업에 대한 이해와 학업성취도를 높이기 위해 필요	①	②	③	④	⑤
학생들의 자발적 참여를 유도하기 위해 필요	①	②	③	④	⑤
표현능력 및 창의성을 향상시키기 위해 필요	①	②	③	④	⑤
생각하기(사고력, 발상능력 등) 교육에 활용하기 위해 필요	①	②	③	④	⑤
말하기(구술, 토론, 스피치 등) 교육에 활용하기 위해 필요	①	②	③	④	⑤
글쓰기(논술, 문장력 등) 교육에 활용하기 위해 필요	①	②	③	④	⑤
듣기/보기(분석, 비평 능력 등) 교육에 활용하기 위해 필요	①	②	③	④	⑤

4. **광고활용의 목표**로, 다음 사항들이 얼마나 중요하다고 생각하는지 <u>해당하는 번호에 V표</u> 해 주십시오.

항목	전혀 중요하지 않다				매우 중요하다
광고 아이디어 및 카피를 통해 말하기/쓰기/논술 등 의사소통 능력을 키우는 것	①	②	③	④	⑤
광고 영상의 아름다움을 알고, 이를 바탕으로 창의적 표현능력을 키우는 것	①	②	③	④	⑤
다양한 매체의 광고를 제작할 수 있는 방법과 기술 등을 배우는 것	①	②	③	④	⑤
광고(에 나온 내용)를 이해·파악하는 능력을 길러 주는 것	①	②	③	④	⑤
광고(에 나온 내용)를 교육·학습 자료로 활용하여 교과 내용에 대한 이해 및 학습효과를 높이는 것	①	②	③	④	⑤
학생들과 선생님의 광고에 대한 관심을 수용하는 것	①	②	③	④	⑤

5. 다음은 **광고활용교육의 (기대)효과**에 대한 의견들입니다. 다음 사항들에 대해 어떻게 생각하는지 <u>해당하는 번호에 V표</u> 해 주십시오.

항목	전혀 중요하지 않다				매우 중요하다
학생들이 수업에 주의, 집중을 잘 한다	①	②	③	④	⑤
학생들이 수업에 자발적으로 참여한다	①	②	③	④	⑤
학생들이 수업에 흥미를 갖는다	①	②	③	④	⑤
학생들의 창의성이 풍부해진다	①	②	③	④	⑤
학생들이 광고/경제/사회현상 등에 더 많은 관심을 갖는다	①	②	③	④	⑤

6. 다음은 **광고활용 발전방안**에 대한 의견들입니다. 다음 사항들에 대해 어떻게 생각하시는지 <u>해당하는 번호</u>에 **V표** 해 주십시오.

항목	전혀 중요하지 않다				매우 중요하다
광고활용교육에 대한 체계적 연구	①	②	③	④	⑤
광고활용교육 실행을 위한 교수학습법/ 교안 개발	①	②	③	④	⑤
인적 인프라 구축(교사양성 및 교사교육 지원 등)	①	②	③	④	⑤
물적 인프라 구축(광고물 데이터베이스, 교육 콘텐츠 등)	①	②	③	④	⑤
실습용 기자재, 시설 마련 및 확충을 위 한 지원	①	②	③	④	⑤
광고관련 기관 및 교육기관의 지원제도 마련	①	②	③	④	⑤
광고관련 기관 및 교육기관의 광고활용 교육 프로그램 운영	①	②	③	④	⑤
광고활용 교사연수프로그램 확대	①	②	③	④	⑤
광고활용 교사 양성 시스템 마련	①	②	③	④	⑤
광고활용의 독립 교과목화	①	②	③	④	⑤
광고활용 필요성과 그 대안 마련을 위한 사회 전반, 교육계 및 개인의 의식 전환	①	②	③	④	⑤
입시 위주의 교육 등, 한국 교육의 목표 와 그 방법에 관한 사회 전반, 교육계 및 개인의 의식 전환	①	②	③	④	⑤

7. 다음은 광고를 수업에 활용하는 교사 지원방안에 관한 사항입
   니다. 선생님께서는 다음 사항들에 대해 어떻게 생각하시는지
   해당하는 번호에 V표 해 주십시오

항목	전혀 중요하지 않다				매우 중요하다
교사연수를 통한 광고활용 교육	①	②	③	④	⑤
광고산업 및 학계의 전문강사 초빙 교육	①	②	③	④	⑤
대학 광고관련 학과를 활용한 교육	①	②	③	④	⑤
교육대/사범대의 광고활용 교육 추가	①	②	③	④	⑤

※ 다음은 **자료분류**를 위한 질문입니다.

1. 선생님의 성별은?   ① 남   ② 여
2. 선생님의 연령은?   만 __________세
3. 선생님께서 현재 재직 중인 학교는?
   ☐ 공립 초등학교   ☐ 사립 초등하교
   ☐ 공립 중학교   ☐ 사립 중학교
   ☐ 공립 인문계 고등학교   ☐ 공립 실업계 고등학교
   ☐ 공립 예체능계 고등학교   ☐ 사립 인문계 고등학교
   ☐ 사립 실업계 고등학교   ☐ 사립 예체능계 고등학교

4. 선생님께서 현재 재직 중인 학교의 소재지는?
   ☐ 서울특별시 ☐ 대전광역시 ☐ 인천광역시 ☐ 대구광역시
   ☐ 광주광역시 ☐ 부산광역시 ☐ 울산광역시 ☐ 제주도
   ☐ 경기도   ☐ 강원도   ☐ 충청남도   ☐ 충청북도
   ☐ 전라남도   ☐ 전라북도   ☐ 경상남도   ☐ 경상북도

5. 선생님께서 담당하고 있는 교과목은? _________________

6. 선생님께서 교직에 재직하고 계신 기간은?
   _________________ 년

- 끝까지 설문에 응답해 주셔서 감사합니다. -

Epilogue

광고활용교육(AIE, Advertising in Education)은 간단히 말하면 초·중·고교의 정규교과에서 광고를 활용하는 것을 말한다. 여기에는 광고 자체를 가르치는 정규 광고교육[우리는 이것을 광고에 대한(about) 교육이라고 한다], 기존 교과에서 광고를 활용하여 수업의 효율을 높이는 보조적 활용[이것은 광고를 통한(through) 교육이라고 한다], 광고에서 창의성을 비롯한 문화·예술·경제·심리 등을 학습하는 것[이것은 광고로부터(from)의 교육에 해당한다] 등으로 구분할 수 있다.

광고활용교육을 연구하면서 가장 자극이 되고, 격려가 되고, 도움이 되었던 것은 일선 교육현장에서 광고를 실제로 활용하고 계신 선생님들이었다. 의외로 많은 교사들이 수업에서 광고를 활용하고 있었다. 또한 일부 적극적인 교사들은 조직적으로 더욱 효과적인 활용방안을 모색하고 있기도 하였다.

이 책은 광고활용교육에 대한 탐색적 연구 결과이다. 따라서 광고활용교육의 모든 것이라고 하기는 어렵다. 그래도 광고의 새로운 지평을 탐색하거나, 교육에 활용하는 방법을 찾는 분들께 다소나마 도움이 되지 않을까 한다.

• **저자** •

차유철 현, 우석대 광고이벤트학과 교수
한양대 신문방송학 학사
연세대 언론홍보대학원 석사
경희대 대학원 신문방송학과 광고홍보 박사
오리콤, MBC애드컴, 금강기획 크리에이티브디렉터

이희복 현, 상지대 언론광고학부 교수
한국외대 신문방송학 학사, 석사
경희대 대학원 신문방송학과 광고홍보 박사
MBC애드컴, 오리콤, FCB 카피라이터
경주대 방송언론광고학부 교수

신명희 현, 경희대 언론정보학부 강사
경희대 수학과 학사
경희대 언론정보대학원 석사
경희대 대학원 신문방송학과 언론학 박사
성결대, 동국대, 상지대 강사

광고활용교육의 이해

• 초판 인쇄	2008년 6월 15일
• 초판 발행	2008년 6월 15일
• 지 은 이	차유철 · 이희복 · 신명희
• 펴 낸 이	채종준
• 펴 낸 곳	한국학술정보㈜
	경기도 파주시 교하읍 문발리 513-5
	파주출판문화정보산업단지
	전화 031) 908-3181(대표) · 팩스 031) 908-3189
	홈페이지 http://www.kstudy.com
	e-mail(출판사업부) publish@kstudy.com
• 등 록	제일산-115호(2000. 6. 19)
• 가 격	23,000원

ISBN   978-89-534-9327-8 93370 (Paper Book)
         978-89-534-9328-5 98370 (e-Book)